Helmuth von Moltke

Die Militär-Vorlage im Deutschen Reichstage

Eine sachgemässe Schilderung der Reichstags-Verhandlungen für das deutsche Volk

Helmuth von Moltke

Die Militär-Vorlage im Deutschen Reichstage
Eine sachgemässe Schilderung der Reichstags-Verhandlungen für das deutsche Volk

ISBN/EAN: 9783743690615

Hergestellt in Europa, USA, Kanada, Australien, Japan

Cover: Foto ©Suzi / pixelio.de

Weitere Bücher finden Sie auf **www.hansebooks.com**

Die Militär-Vorlage im Deutschen Reichstage.

Eine sachgemäße Schilderung der Reichstags-Verhandlungen für das deutsche Volk.

Mit den stenographisch aufgenommenen Reden des Reichskanzlers Fürst von Bismarck und des Abgeordneten General-Feldmarschalls Graf von Moltke.

„Der Staat muß untergeh'n früh oder spät
Wo Mehrheit siegt und Unverstand entscheidet."
Schiller.

Berlin 1887.
Verlegt und herausgegeben von S. N. Górnicki,
S.W., Großbeerenstraße 19 pt.

„Der Staat muß untergeh'n früh oder spät
Wo Mehrheit siegt und Unverstand entscheidet."
Schiller.

Der Deutsche Reichstag hatte sich in der am 25. November 1886 eröffneten IV. Session (1886/87) der 6. Legislatur-Periode u. A. auch mit dem Entwurfe eines Gesetzes, betreffend die Friedens-Präsenzstärke des deutschen Heeres zu befassen. Dieser Gesetz-Entwurf stellte im §. 1 die Friedens-Präsenzstärke des Heeres an Mannschaften für die Zeit vom 1. April 1887 bis zum 31. März 1894 — also für sieben Jahre — auf 468 409 Mann fest, wobei die Einjährig-Freiwilligen nicht in Anrechnung kommen sollten. §. 2 formirte vom 1. April 1887 ab die Infanterie in 534 Bataillone, die Kavallerie in 465 Eskadrons, die Feld-Artillerie in 364 Batterien, die Fuß-Artillerie in 31, die Pioniere in 19 und den Train in 18 Bataillone. Die §§. 3 und 4 der Vorlage enthielten nur Bestimmungen formeller Natur.

Schon der auf diese Angelegenheit bezügliche Passus der Thronrede hatte erkennen lassen, welchen Werth der Kaiser und die verbündeten Regierungen auf die unveränderte Annahme dieses Gesetz-Entwurfs legten; ebenso waren die Ausführungen des preußischen Kriegsministers bei Begründung der Vorlage so überzeugend und eine Rede des greisen Feldmarschalls Graf von Moltke von so sensationellem Eindrucke, daß es geradezu räthselhaft erscheinen mußte, die Militär-Vorlage der verbündeten Regierungen von einer aus dem Centrum, den Deutsch-Freisinnigen, den Sozialdemokraten, Polen und Welfen sich zusammensetzenden Majorität nicht allein bezüglich der künftigen Zahl der Mannschaften, sondern auch hinsichtlich der künftigen Formation der Infanterie und ebenso bezüglich der siebenjährigen Festsetzung der Friedens-Präsenzstärke bekämpft zu sehen, wenn man eben nicht annehmen will, daß es der so seltsam zusammengewürfelten Majorität lediglich um ein in einer so ernsten Frage geradezu frivoles und widerliches Markten und Feilschen mit den verbündeten Regierungen zu thun war.

Selbstverständlich war es wiederum der deutsch-freisinnige Abgeordnete Eugen Richter, der nach der glänzenden Begründung der Vorlage durch den preußischen Kriegsminister Bronsart von Schellendorff in der 5. Sitzung des Deutschen Reichstages (3. Dezember 1886)

Alles weit besser als diese Autorität auf militärischem Gebiete und die maßgebenden Persönlichkeiten des auswärtigen Amtes wissen wollte, und, obgleich Herr von Bronsart dessen Darlegungen sofort widerlegte, doch bis zur letzten Sitzung dieses für das Deutsche Reich so unheilvollen Reichstages bei seiner Opposition und Negation beharrte.

Während bei der am Freitag den 3. Dezember 1886 begonnenen **ersten** Berathung die Debatte hauptsächlich zwischen dem Abgeordneten **Eugen Richter** und dem preußischen Kriegsminister **Bronsart von Schellendorff** sich entwickelt hatte, trat bei der Fortsetzung dieser ersten Berathung, in der 6. Sitzung des Deutschen Reichstages (4. Dezember 1886) als erster Redner der Führer des Centrums, Abgeordneter Dr. Windthorst auf und suchte den Reichstag wiederholt zu überzeugen, daß er Alles für des Vaterlandes Selbstständigkeit und Sicherheit zu thun bereit sei, daß, wenn das Vaterland in Gefahr sei, ihm und seinen Freunden kein Opfer zu groß erscheine, daß sie die Armee stark erhalten und unter allen Umständen alles thun wollten, was nöthig sei, um Deutschland in seinem Rang, Stand und Ansehen zu erhalten, den es heute habe. Der vaterlandsfreundliche Welsen- und Centrumsführer schloß seine Rede mit den Worten: „Gott schütze unser Vaterland, und was uns betrifft, so wollen wir nicht leichtfertig ablehnen, was nöthig ist, noch ohne Noth neue Lasten dem Vaterlande auflegen."

Daß diese Noth wirklich vorhanden, daß der gesammte Reichstag die Regierungs=Vorlage **unverändert annehmen** und, wenn die **Majorität desselben wirklich deutsch fühlte und deutsch dachte, dieselbe nicht leichtfertig ablehnen durfte, weil sie eben nöthig war,** das ging aus der Rede des greisen Feldmarschalls und Abgeordneten, Graf von **Moltke**, hervor, der unter allgemeiner Spannung nach dem Abgeordneten Dr. Windthorst das Wort nahm und Folgendes ausführte:

Meine Herren! Ich möchte Ihnen doch die Vorlage der Regierung recht angelegentlich empfehlen. Man kann es ja beklagen, daß wir genöthigt sind, einen großen Theil der Einnahmen des Reiches anstatt auf den Ausbau im Innern, für die Sicherung nach Außen zu verwenden; das wird aber bedingt durch allgemeine Verhältnisse, die wir abzuändern ganz außer Stande sind. Meine Herren, ganz Europa starrt in Waffen. Wir mögen uns nach links oder nach rechts wenden, so finden wir unsere Nachbarn in voller Rüstung, in einer Rüstung, die selbst ein reiches Land auf die Dauer nur schwer ertragen kann. Das drängt in Naturnothwendigkeit auf **baldige Entscheidungen** hin und ist der Grund, weshalb die Regierung schon vor Ablauf des Septennats eine Verstärkung der Armee verlangt. Aus den die Regierungs=

französischen Kriegsministers in den Kammern anstandslos bewilligt. Man hat nun die Richtigkeit dieser Zahlenangaben in Abrede gestellt. Ja, meine Herren, hier im Plenum können wir unmöglich die Rechnung aufmachen; das wird sich in der Kommission finden. Ich halte die Angaben für richtig, denn sie gründen sich auf die besten Nachrichten, die wir haben können. Man hat uns nun den Rath gegeben, uns mit Frankreich zu verständigen. Ja, das wäre gewiß sehr vernünftig, es wäre ein Segen für beide Nationen und eine Bürgschaft für den Frieden in Europa. Wenn es nun aber nicht geschieht, — à qui la faute? So lange die öffentliche Meinung in Frankreich ungestüm die Zurückgabe zweier wesentlich deutscher Provinzen fordert, und während wir fest entschlossen sind, sie niemals herauszugeben (lebhaftes Bravo), so wird eine Verständigung mit Frankreich kaum möglich sein. Man hat dann hingewiesen auf unser Verhältniß mit Oesterreich. Dieses Bündniß ist ein sehr werthvolles; aber es ist schon im gewöhnlichen Leben nicht gut, sich auf fremde Hülfe zu verlassen: Ein großer Staat existirt nur durch seine eigene Kraft. (Bravo rechts!)

Wenn ich recht verstanden habe, so wurde behauptet, daß die Vorlage der Regierung sich nur auf die Friedenspräsenz, nicht auf die Kriegspräsenz, d. h. die Kriegsstärke, beziehe. Meine Herren, die Vorlage fordert allerdings eine Etatserhöhung für gewisse Truppentheile, die nahe der Grenze vielleicht berufen sind, gleich im ersten Augenblick des Krieges in Aktion zu treten. Dadurch wird die Kriegsstärke in keiner Weise vermehrt, es vermindert sich nur die Zahl der nachzusendenden Reserven; aber die Vorlage fordert ja ausdrücklich und hauptsächlich die Aufstellung neuer Kadres, und die werden allerdings die Kriegsstärke vermehren. Die Kadres von 31 neuen Bataillonen vermehren die Kriegsstärke um 31 000 Mann. Dann hat man auch wieder die zweijährige Dienstzeit in Anregung gebracht. Ja, meine Herren, ich gehe nicht näher darauf ein; die Sache ist früher gründlich besprochen worden. Bei der gegenwärtigen politischen Lage unser ganzes bisheriges Militärsystem über den Haufen zu werfen und ein neues einzuführen, das würde doch ein bedenkliches Experiment sein. (Sehr richtig!) Zweijährige Dienstzeit haben wir eigentlich schon; da noch eine weitere Herabsetzung herbeizuführen, das würde eine Vermehrung der Ziffer und eine Verschlechterung der Qualität sein, und damit ist uns nicht gedient. Im Gegentheil, unsere beste Sicherung beruht eben in der Vorzüglichkeit unserer Armee. Es ist dann mit vollem Recht auch die finanzielle Seite der Frage in Betracht gezogen. Ja, meine Herren, ich verkenne gewiß nicht die große Wichtigkeit einer guten Finanzlage — nicht eigentlich im Kriege; da, wo es

Finanzwirthschaft; die Finanz muß eben durch die Armee gesichert sein. Meine Herren, ich glaube, daß wir durch eine Reihe von Jahren schon davon haben überzeugen können, daß wir eine umsichtige, redliche und sparsame Armeeverwaltung haben. (Sehr richtig!) Auch die jetzt in Rede stehende Vorlage ist wesentlich durch Rücksichten auf Sparsamkeit bestimmt. Man hat darauf verzichtet, schon im Frieden, wie dies außerordentlich wünschenswerth wäre, alle unsere Geschütze bespannt zu haben, wie das bei unseren Nachbarn der Fall ist. Die Vermehrung bezieht sich wesentlich auf die Infanterie, als die mindest kostspielige Waffe. Die Hälfte der neu aufzustellenden Bataillone wird bereits bestehenden Regimentern angeschlossen, um die Stäbe für Regimenter zu sparen. Kurz, meine Herren, es ist nicht das militärisch absolut Wünschenswertheste, sondern das finanziell Erreichbare dabei ins Auge gefaßt worden. Und dann, meine Herren, die Forderung, die an das Land gestellt wird — sie wird gestellt, um den bisher mühsam aufrecht erhaltenen Frieden in Europa, wenn es möglich ist (hört, hört!) auch ferner noch zu sichern. Ich meine, wenn wir diese Vorlage ablehnen, so involvirt dies eine sehr ernste Verantwortlichkeit, vielleicht für das Elend einer feindlichen Invasion, eine Verantwortung, die, von hundert Schultern getragen, dennoch für jeden Einzelnen schwer genug wiegen muß. Durch große Opfer haben wir erreicht, was alle Deutschen seit soviel Jahren ersehnt haben: wir haben das Reich, wir haben die Einheit Deutschlands. Möchten wir auch die Einigkeit der Deutschen in einer solchen Frage haben, wie sie hier vorliegt! Die ganze Welt weiß, daß wir keine Eroberungen beabsichtigen; mag sie aber auch wissen, daß wir das, was wir haben, erhalten wollen, daß wir dazu entschlossen und gewappnet sind. (Lebhafter Beifall.)

Im gesammten In= und Auslande rief diese Rede unseres so hochverdienten Strategen selbstverständlich die lebhafteste Sensation hervor und wohl in keiner wahrhaft deutsch fühlenden Mannesbrust waltete ein Zweifel darüber, was der Deutsche Reichstag nach solchen, von solcher Seite kommenden Worten zu thun für seine Pflicht erachten mußte! Daß man den späteren Ausführungen des sozialdemokratischen Abgeordneten Grillenberger, der das „non possumus" seiner Partei zu begründen suchte, nur geringe Aufmerksamkeit schenkte, war vorauszusehen. Nach ihm sprachen der nationalliberale Abgeordnete Marquardsen und der konservative Abgeordnete Frhr. von Wöllwarth im Sinne der Regierungs=Vorlage, worauf der preußische Kriegsminister Bronsart von Schellendorff sich noch in der Haupt=

und ebenso noch vor Beginn des neuen Jahres die Vorlage erledigt zu sehen. Leider ließen aber schon die ersten Sitzungen dieser Kommission erkennen, daß es von den Führern der Majorität auf ein Hinziehen dieser Erledigung bis nach den Weihnachtsferien abgesehen war. Unverantwortlich waren die nicht enden wollenden Reden, Fragen, Ausstellungen u. s. w. der einzelnen Oppositionsführer, namentlich des Abgeordneten Richter, über alles Lob erhaben die Geduld und Ausdauer der Bundesrathsbevollmächtigten und -Kommissare diesem Treiben der Opposition gegenüber. Der Reichstag ging in die Weihnachtsferien, ohne diese so wichtige Aufgabe erledigt zu haben; erst nach Beginn des neuen Jahres trat die Kommission, welche die erste Lesung der Vorlage noch vor dem Weihnachtsfeste beendigt hatte, in die zweite Lesung derselben ein.

Aber was für ein Gesetz-Entwurf war aus der ersten Lesung hervorgegangen! Der §. 1 war so gestaltet worden, daß die Friedens-Präsenzstärke an Mannschaften für die Zeit vom 1. April 1887 bis zum 31. März 1890 (also nicht für 7 sondern nur für 3 Jahre) auf 441 200 Mann (statt 468 409 Mann in der Regierungs-Vorlage) festgestellt wurde! Und dahinter hieß es dann noch: „**Für die Zeit vom 1. April 1887 bis zum 31. März 1888 kann eine Erhöhung der Präsenzstärke bis auf 450 000 Mann eintreten!**" Also für die Dauer eines Jahres 8800 Mann mehr, aber immerhin noch bis zum 31. März 1888, 18 409 Mann, von da ab aber sogar wieder 27 209 Mann weniger als die Regierungs-Vorlage für nöthig erachtete! Ferner hatte man bezüglich der Formation der Infanterie statt 534 Bataillone deren nur 518 eingestellt, aber die fehlenden 16 Bataillone für ein Jahr durch die Worte genehmigt: „**Außerdem können von dem gleichen Tage an (1. April 1887) bis zum 1. April 1888 16 Bataillone Infanterie formirt werden!**" Als neuen Paragraphen hatte man endlich noch eine Bestimmung eingefügt, nach welcher diejenigen Wehrpflichtigen, welche sich dem Studium der Theologie widmen, während der Dauer dieses Studiums bis zum 1. April des Kalenderjahres, in welchem sie das 26. Lebensjahr vollenden, von der Einstellung in den Militärdienst vorläufig zurückgestellt werden, sobald dieselben aber bis zur vorbezeichneten Zeit auf Grund bestandener Prüfung die Aufnahme unter die Zahl der zum geistlichen Amt berechtigten Kandidaten erlangt beziehungsweise die Subdiakonatsweihe empfangen, **gänzlich von der Militärdienstpflicht befreit sein sollten!**

Soweit die Beschlüsse der Kommission in erster Lesung! Die zweite Lesung in der Kommission sollte allerdings noch ganz andere Beschlüsse zeitigen: einen Rumpf ohne Kopf und einen Kopf ohne

es der oppositionellen Majorität gar nicht darum zu thun war, überhaupt ein Gesetz zu Stande zu bringen.

Wir geben daher den Wortlaut dieses Undings hier unverkürzt wieder:

„Entwurf eines Gesetzes
betreffend
die Friedenspräsenzstärke des deutschen Heeres.

Wir **Wilhelm**, von Gottes Gnaden Deutscher Kaiser, König von Preußen ꝛc., verordnen im Namen des Reichs, nach erfolgter Zustimmung des Bundesraths und des Reichstags, was folgt:

§. 2.

Vom 1. April 1887 ab werden die Infanterie in 518 Bataillone, die Kavallerie in 465 Eskadrons, die Feld=Artillerie in 364 Batterien, die Fuß=Artillerie in 31, die Pioniere in 19 und der Train in 18 Bataillone formirt. Außerdem können von dem gleichen Tage an bis zum 1. April 1888 16 Bataillone Infanterie formirt werden.

§. 3 der Vorlage unverändert.
§. 4 der Vorlage unverändert.
Urkundlich ꝛc.
Gegeben ꝛc."

Wie man sieht, ist von der Friedens=Präsenzstärke des Deutschen Heeres, die — der Ueberschrift zufolge — dieser Gesetz=Entwurf doch betreffen soll, in demselben kein Wort zu finden. Derselbe setzt nichts über dieselbe fest und handelt blos von der Formirung der einzelnen Waffengattungen!!

Das ist das Werk der ewig nörgelnden, negirenden und oppositionellen Reichstags=Strategen und Reichstags=Taktiker unter Führung der Volksvertreter Windthorst, Richter und Konsorten!!

Wir glauben, daß das deutsche Volk keine Ursache hat, auf eine solche Vertretung besonders stolz zu sein.

Dies aus der Kommission hervorgegangene Unding für die Plenar=Berathung wieder auszuflicken, war dem Abgordneten Dr. Frhrn. Schenk von Stauffenberg vorbehalten worden. Allerdings gingen dem Reichstage außer den Stauffenberg'schen Anträgen noch von anderer Seite solche zu, doch drehte sich die Frage hauptsächlich doch nur um die ersteren. Der deutsch-freisinnige Herr von Stauffenberg war so vorsichtig gewesen, von vornherein gleich zwei Anträge einzubringen.

Der erste Antrag lautete:

„§ 1 (der in den Beschlüssen der Kommission fehlte) wie folgt zu fassen:

Zur Ausführung der Artikel 57, 59 und 60 der Reichsverfassung wird die Friedens=Präsenzstärke des Heeres an Mannschaften für die Zeit vom 1. April 1887 bis 31. März

1890 auf 441 200 Mann festgestellt. Für die Zeit vom 1. April 1887 bis zum 31. März kann eine Erhöhung der Präsenzstärke bis auf 454 402 Mann eintreten. Die Einjährig=Freiwilligen kommen auf die Präsenzstärke nicht in Anrechnung.

Die ordentliche Rekruteneinstellung bei der Infanterie erfolgt im Januar, sofern nicht bei der Etatsfestsetzung ein früherer Einstellungstermin vereinbart wird."

Für den Fall der Ablehnung dieses Antrages hatte der vorsichtige Abgeordnete Dr. Freiherr Schenk von Stauffenberg gleich folgenden zweiten Antrag eingebracht:

„in § 1 der Regierungsvorlage
   a) statt „31. März 1894" zu setzen:
      31. März 1890;
   b) in Zeile 4 vor dem Worte „auf" zu setzen: „bis"."

Aus diesen Anträgen und den mitgetheilten Kommissions=Beschlüssen geht klar und deutlich die elende Markterei und Feilscherei der Reichstags=Majorität in einer der ernstesten Fragen, welche je den Deutschen Reichstag beschäftigt haben, hervor. Die Regierung verlangt eine Friedens=Präsenzstärke von 468 409 Mann. Der preußische Kriegs=minister und der greise Feldmarschall Graf von Moltke weisen die Nothwendigkeit dieser Präsenzziffer und der Bewilligung derselben für sieben Jahre nach. Trotzdem kommt die Kommission zu dem Beschlusse, die Friedens=Präsenzstärke auf 441 200, und zwar auch nur für die Dauer von drei Jahren festzusetzen, unter dem Hinzufügen, daß auf ein Jahr die Präsenzstärke 450 000 Mann betragen könne. In zweiter Lesung lehnt die Kommission aber auch diesen ganzen §. 1 ab und bringt ein Unding von Gesetzentwurf vor den Reichstag. Um diesem Unding nun wenigstens einen Kopf zu geben, kommt der freisinnige Herr von Stauffenberg wieder mit der Präsenzstärke von 441 200 Mann auf drei Jahre angerückt, ist aber doch so großmüthig, für das nächste Jahr der Regierung noch 4402 Mann mehr, als die Kommission in erster Lesung, nämlich nicht 450 000, sondern 454 402 Mann zugestehen zu wollen. Dabei sichert er sich aber von vornherein für den Fall der Ablehnung seines Antrages durch die Einbringung eines zweiten, in welchem er die in der Regierungs=Vorlage geforderte Präsenzziffer von 468 409 Mann voll, jedoch nicht auf sieben, sondern nur auf drei Jahre acceptirt!

Es wird Jedem schwer fallen, diese fortwährenden Schwankungen in der Höhe der Präsenzziffer mit dem redlichen Willen, nur das Wohl und die Sicherheit des Vaterlandes ins Auge zu fassen, in Einklang zu bringen. Das Feilschen um 27 209, dann um 18 409 und endlich um 14 007 Mann, sowie das schließliche Bewilligen der vollen von den Regierungen geforderten Präsenzstärke läßt keinesweges einen derartigen redlichen Willen, wohl aber ganz andere Tendenzen durchblicken.

Um die Stauffenberg'schen Anträge drehten sich in der Hauptsache noch die Verhandlungen des bereits in den letzten Zügen liegenden Deutschen Reichstages, als am Dienstag, den 11. Januar 1887, die

Militär-Vorlage in demselben zur zweiten Berathung stand. Ungeheuer war der Andrang des Publikums zu dieser Sitzung, unbeschreiblich der Jubel, mit dem sowohl Graf von Moltke, als auch der wenige Tage vorher von Friedrichsruh nach Berlin zurückgekehrte Fürst von Bismarck auf ihrem Wege zum Reichstagsgebäude und vor demselben von der nach Tausenden zählenden Volksmenge begrüßt wurden. In den Räumen des Reichstagsgebäudes zeigte sich ein bewegtes Leben. Die Tribünen waren überfüllt, die Plätze des Hauses sowie der Tisch des Bundesraths zahlreich besetzt. Eine große Zahl von Anträgen lagen dem Hause vor; u. A. auch in letzter Stunde noch ein Antrag des Grafen von Ballestrem und Genossen, welcher die Friedens-Präsenzstärke für drei Jahre auf 441200, für das nächste Jahr aber in voller Höhe auf 468409 Mann bewilligen wollte.

Nach Eröffnung der Sitzung durch den Präsidenten von Wedell-Piesdorf trat das Haus in die Diskussion über den nach den Beschlüssen der Kommission gar nicht mehr existirenden §. 1 ein. Der Referent, Abgeordneter Frhr. von Huene (Centrum), sah sich in Folge dessen nur in der Lage, den Reichstag auf den vorliegenden gedruckten Kommissionsbericht zu verweisen, während es dem Korreferenten, Abgeordneten Dr. Buhl, oblag, über die zur Vorlage eingegangenen Petitionen zu berichten. Unter Hinweis auf die wirthschaftliche Lage waren 7 Petitionen gegen die Vorlage eingegangen. Dagegen wünschten 198 Petitionen die möglichst rasche und unverkürzte Bewilligung der Regierungs-Vorlage. Hierunter waren 52 aus Württemberg, eine große Zahl aus dem Königreich und der Provinz Sachsen. Von Städten und Kreisen erwähnen wir: Pforzheim, Leipzig, Halle, Magdeburg, Kreis Mettmann u. s. w. Diese Petitionen waren von Vertretern der verschiedensten Parteirichtungen ausgegangen. Betreffs der Befreiung der Theologen vom Militärdienste lagen 55 Petitionen vor, darunter eine Anzahl von protestantischen Geistlichen, welche gegen die Befreiung petitionirten, desgleichen eine von Studirenden der Theologie der Universität Bonn und 9 anderer Universitäten.

Darauf erhielt der Abgeordnete Graf von Moltke das Wort und äußerte sich wie folgt:

Meine Herren! Niemand von uns täuscht sich wohl über den Ernst der Zeit, in welcher wir uns befinden. Alle größeren europäischen Regierungen treffen eifrigst Vorkehrungen, um einer ungewissen Zukunft entgegenzugehen. Alle Welt fragt sich: werden wir den Krieg bekommen? Nun, meine Herren, ich glaube, daß kein Staatslenker freiwillig die ungeheure Verantwortung auf sich nehmen wird, die Brandfackel in den Zündstoff zu werfen, welcher mehr oder weniger in allen Ländern angehäuft ist. Starke Regierungen sind eine Bürgschaft für Frieden. Aber die Volksleidenschaften, der Ehrgeiz der Parteiführer, die durch Schrift und Wort mitgeleitete öffentliche Meinung, das Alles, meine Herren, sind Elemente, welche stärker werden können, als der Wille der Regierenden; haben wir doch erlebt, daß selbst Börseninteressen Kriege entzündeten. Wenn nun in dieser politischen Spannung irgend ein Staat in der Lage ist, für die Fortdauer des Friedens zu wirken, so ist es Deutschland, welches nicht direkt in den Fragen betheiligt ist, welche die übrigen Mächte aufregen; Deutschland, welches seit dem Bestehen des Reiches gezeigt hat, daß es keinen seiner Nachbarn angreifen will, wenn es nicht von ihm selbst dazu gezwungen wird. Aber, meine Herren, um diese schwierige, vielleicht undankbare Vermittlerrolle durchzuführen, muß Deutschland stark und kriegsgerüstet sein. (Bravo! rechts.) Werden wir dann gegen unseren Willen in den Krieg verwickelt, so haben wir auch die Mittel, ihn zu führen. Würde die Forderung der Regierung abgelehnt, meine Herren, dann glaube ich, haben wir den Krieg ganz sicher. (Hört! hört! rechts.) Es ist ja nun erfreulich und wird seine Wirkung nach außen nicht verfehlen, daß von den großen Parteien dieses Hauses keine ist, welche, ungeachtet mancher verschiedenen Ansichten in inneren Angelegenheiten, der Regierung die Mittel verweigern wird, welche sie nach gewissenhafter Erwägung von uns für die Vertheidigung nach außen fordert: nur über die Zeitdauer der Bewilligung sind die Ansichten sehr abweichend von einander Da möchte ich nun nochmals daran erinnern, daß die Armee niemals ein Provisorium sein kann. (Sehr richtig! rechts.) Die Armee ist die vornehmste aller Institutionen in jedem Lande; denn sie allein ermöglicht das Bestehen aller übrigen Einrichtungen (sehr richtig! rechts), alle politische und bürgerliche Freiheit, alle Schöpfungen der Kultur, die Finanzen; der Staat steht und fällt mit dem Heer. (Sehr richtig! rechts.) Meine Herren! Bewilligungen auf kurze Frist, sei es auf ein, sei es auf drei Jahre, helfen uns nicht. Die Grundlage jeder tüchtigen militärischen Organisation beruht auf Dauer und Stabilität; neue Kadres werden erst wirksam im Verlauf einer Reihe von Jahren. Meine Herren, ich glaube, ich darf sagen, daß heute die Augen Europas auf die Versammlung gerichtet sind (sehr richtig! rechts), auf die Beschlüsse, welche Sie in einer so hochwichtigen Angelegenheit fassen werden. Ich wende mich an Ihren patriotischen Sinn, wenn ich Sie bitte, die Regierungsvorlage unverkürzt und unverändert anzunehmen. Zeigen Sie der Welt, daß das Volk und die Regierung einig sind, und daß Sie, meine Herren, bereit sind, jedes Opfer, auch das Opfer einer abweichenden Ansicht zu bringen, wenn es sich um die Sicherung des Vaterlandes handelt. (Lebhaftes Bravo rechts.)

Es dauerte lange, bis das Haus nach dieser abermaligen, ebenso ernsten wie warmen Mahnung des hochbetagten, nur selten das Wort ergreifenden Feldmarschalls dem Abgeordneten Frhrn. Schenk v. Stauffenberg, welcher nach demselben als Redner auftrat, volles Gehör schenkte. Auch er betonte, wie seine fortschrittlichen und klerikalen Kollegen, daß sie zur Wehrhaftigkeit des Vaterlandes ohne politische Rücksichten das bewilligen würden, was sie für nothwendig hielten! Hierin lag aber und liegt noch immer die Klippe, an der alles Gute, was die Staatsleitung beabsichtigt, scheitern muß, denn nicht, was die Herren von Stauffenberg und Genossen für nothwendig halten, kann die Sicherheit des Vaterlandes verbürgen, sondern nur das, was an maßgebender Stelle in den leitenden Kreisen als unbedingt nöthig erachtet wird! Auf dem Gebiete der Landesvertheidigung kann nicht das Urtheil oder die Ansicht des Laien maßgebend sein und mehr als anderswo müssen hier die Stimmen gewogen und nicht gezählt werden! Wenn schon Jedermann aus dem deutschen Volke mit uns erkennen wird, daß die eine Schale der Waage, auf welcher sich ein Windthorst, Richter, Schenk von Stauffenberg, Grillenberger, Langwerth von Simmern und von Jazdzewski befinden, pfeilartig emporschnellen muß, wenn die andere Schale von einem Fürst von Bismarck, Graf von Moltke oder Bronsart von Schellendorf besetzt ist, so bleibt es nur in der That zu verwundern, daß die Selbstüberschätzung Jener überhaupt noch immer sich zu zeigen vermag und nicht schon längst einer den deutschen Mann nur ehrenden und zierenden richtigen Selbsterkenntniß den Platz geräumt hat.

Nachdem der Abgeordnete Frhr. Schenk von Stauffenberg noch die Versicherung ausgesprochen hatte, daß sein ernstes Streben dahin gehe, die vorliegende Frage aus dem Parteikampfe herauszuheben, und sie nur nach den Rücksichten auf das allgemeine Wohl zu behandeln, nahm, nach einer kurzen Geschäftsordnungsdebatte, der inzwischen im Hause erschienene Reichskanzler Fürst von Bismarck zu folgender Rede das Wort, die bekanntlich nicht allein in Deutschland, sondern weit über unsere Grenzen hinaus einen unbeschreiblichen Eindruck hinterlassen hat. Diese Rede lautete:

Die verbündeten Regierungen haben durch ihre Vorlage der Ueberzeugung Ausdruck gegeben, daß die Wehrkraft des Deutschen Reiches so, wie sie augenblicklich beschaffen ist, dem deutschen Volke nicht diejenige Bürgschaft für die Vertheidigung des Reichsgebietes gewährt, auf welche die Nation ein unverjährbares Recht hat. Diese Ueberzeugung der verbündeten Regierungen ist begründet durch das Urtheil, durch das einstimmige Urtheil aller militärischen Autoritäten in Deutschland, Autoritäten, deren Kompetenz in ganz Europa sonst anerkannt wird mit der alleinigen Ausnahme des Deutschen Reichstags (Bewegung. Oho! links), wo dem militärischen Urtheile dieser Autoritäten, die, ich wiederhole es, sich der Anerkennung Europas erfreuen, dasjenige der Herren Richter, Windthorst, Grillenberger entgegengetreten ist. (Zuruf: Ah!) — Meine Herren, ist das ein Irrthum, so müßten die Druckberichte, die ich zu Hause gelesen habe über Ihre Verhandlungen, doch unrichtig sein. Ich habe sie hier; aber ich will Ihre Zeit nicht weiter aufhalten durch Bezugnahme darauf.

Es handelt sich hier vorwiegend um die militärische Vorlage. Ich kann

und an seine Einsicht glaubender Zivilist der Meinung sein könnte. Ich bin also genöthigt, anzunehmen, daß die Herren in ihrer Opposition gegen die Vorlage noch andere Gründe haben, als die Zweifel an der Autorität des militärischen Urtheils derjenigen Stellen, die ich namhaft gemacht habe. (Murren.) — Aus dem leisen Murren im Hintergrunde ziehe ich den Schluß, daß Sie bei dieser meiner Andeutung etwas ganz Anderes vermuthen, als ich zu sagen beabsichtige. Ob das ein Zeichen ist, daß irgend Jemand sich getroffen fühlt von der anderweiten Vermuthung, lasse ich hier unentschieden, das ist mir auch gleichgültig. Ich fürchte aber, Sie setzen bei den Regierungen andere Motive für deren Antrag voraus, als wie das ausschließliche Bedürfniß unserer defensiven Wehrkraft. Es sind ja in der Presse Aeußerungen gefallen, als ob diese ganze Militärvorlage keinen Zweck weiter hätte, als unter falschen Vorwänden Steuern, Geld zu erheben. Das war der Fall in denselben entlegenen Theilen der Preßpolitik, wo die abenteuerlichsten, die kindischsten Gerüchte, wenn sie über Nacht ausgeschrieen werden, sofort Glauben finden. Es ist das ein so absurder Gedanke, daß wir mit einer Forderung von 20 bis 30 Millionen eine Grundlage für neue exorbitante Steuervorschläge gewinnen wollten, daß ich mich weiter gar nicht damit aufhalte. Was den moralischen Werth einer solchen Insinuation betrifft und ihre Bedeutung, so will ich doch nur darauf aufmerksam machen, daß sie ungefähr in gleicher Linie stehen würde mit der andern, wenn wir sagen würden, der Widerstand gegen unsere Vorlage sei eingegeben von dem Wunsche, daß Deutschland im nächsten Kriege nicht glücklich sein möge. (Murren.) Das steht ungefähr auf derselben moralischen Höhe wie ihre Verdächtigungen (Murren) — nicht Ihre, sondern die Preßverdächtigungen gegen die Intentionen der Regierung. Jene andere Verdächtigung hat doch noch mehr Haltbarkeit, da sich nicht leugnen läßt, daß es viele Einwohner Deutschlands giebt, die das Deutsche Reich und seine Fortexistenz negiren. Ich komme vielleicht auf diese Frage nachher noch weiter zurück.

Ein glaublicheres Motiv, daß die Regierungen und namentlich die Vertreter des Kaisers ihre Pläne nicht eingestehen, könnte in der Richtung gesucht werden, daß eine Verstärkung des deutschen Heeres etwa gewollt werde aus denselben Gründen, aus denen mancher eroberungs- oder kriegslustige Monarch eine starke Armee erstrebt hat, nämlich in der Absicht, demnächst einen Krieg zu führen, sei es, um bestimmte Zwecke durchzusetzen, sei es, um irgend etwas zu erobern, sei es, des Prestiges und des Bedürfnisses wegen, sich in die Angelegenheiten anderer Mächte vorwiegend einzumischen, also z. B. die orientalische Frage von hier aus zu reguliren. Ich glaube aber, auch dies

Rechte der Deutschen lagen, das Recht, als große Nation zu leben und zu athmen, nur durch das Schwert gelöst werden konnte (Zustimmung) — leider, und daß auch der französische Krieg nur eine Vervollständigung der kriegerischen Kämpfe bildete, durch welche die Herstellung der deutschen Einheit, das nationale Leben der Deutschen geschaffen und sichergestellt werden mußte. Also man kann daraus nicht auf kriegerische Gelüste schließen. Wir haben keine kriegerischen Bedürfnisse, wir gehören zu den, was der alte Fürst Metternich nannte: saturirten Staaten, wir haben keine Bedürfnisse, die wir durch das Schwert erkämpfen könnten, und außerdem, wenn das der Fall wäre, so blicken Sie doch auf die friedliebende Thätigkeit — und ich sage das ebenso gut nach dem Auslande wie hier zu dem Reichstag — der kaiserlichen Politik in den letzten 16 Jahren.

Nach dem Frankfurter Frieden war unser erstes Bedürfniß, den Frieden möglichst lange zu erhalten und zu benutzen, um das Deutsche Reich zu konsolidiren. Diese Aufgabe war keine leichte. Im Reichstage selbst ist uns damals vorgehalten worden — als ein Vorwurf über die Ergebnisse unserer Politik, weil wir den Muth gehabt hatten, für Deutschlands Einigkeit zu kämpfen — daß wir eine Situation geschaffen hätten, in der der nächste Krieg wahrscheinlich sehr nahe bevorstehend sein würde. Man sprach damals von 4, 5, vielleicht 3 Jahren, die es dauern würde bis zum nächsten Kriege. Meine Herren, es ist gelungen, wenn auch nicht ohne starke Gegenströmungen zu überwinden, den Frieden seit 16 Jahren zu erhalten. Unsere Aufgabe haben wir zuerst darin erkannt, die Staaten, mit denen wir Krieg geführt hatten, nach Möglichkeit zu versöhnen. Es ist uns dies vollständig gelungen mit Oesterreich. Die Absicht und das Bedürfniß, dahin zu gelangen, beherrschten bereits die Friedensverhandlungen in Nikolsburg im Jahre 1866, und es hat uns seitdem nie das Bestreben verlassen, die Anlehnung an Oesterreich wieder zu gewinnen, die wir vor 1866 nur scheinbar und buchstäblich hatten, die wir jetzt in der Wirklichkeit vollständig besitzen. (Bravo! rechts.)

Wir stehen mit Oesterreich in einem so sicheren und vertrauensvollen Verhältnisse, wie es weder im deutschen Bunde trotz aller geschriebenen Verträge, noch früher im heiligen römischen Reiche jemals der Fall gewesen ist (Bravo! rechts), nachdem wir uns über alle Fragen, die zwischen uns seit Jahrhunderten streitig gewesen sind, in gegenseitigem Vertrauen und gegenseitigem Wohlwollen auseinandergesetzt haben.

Es war die Aussöhnung mit Oesterreich aber nicht allein das Ziel, welches unsere Friedenspolitik erstrebt hat. Wir haben uns erinnert, daß die Freundschaft der drei großen östlichen Mächte in Europa, wenn sie auch

haben. Die Quellen davon liegen in dem Zeitraum, in welchem die übelberufene heilige Allianz uns den Frieden erhalten hat. Es wird das Jedermann unwiderleglich einleuchten, der einen Vergleich zieht zwischen unserer heutigen wirthschaftlichen Situation von 1886 und zwischen dem Maße von Wohlhabenheit und zivilisatorischer Entwickelung, das in ganz Europa, namentlich aber in Deutschland, im Jahre 1816 herrschte. Der Unterschied ist ein so ungeheurer, wie er kaum je in früheren Jahrhunderten in einer gleichen Epoche stattgefunden hat. Der Fortschritt zum Günstigen, zur Wohlhabenheit der Gesammtheit ist ein gewaltiger gewesen.

Nun, ich weiß nicht, ob es uns gelingen wird, wiederum eine Friedensepoche von derselben Länge, d. h. von mehr als 30 Jahren, herzustellen. Unsere Bemühungen dazu sind aufrichtig; vor Allem aber brauchen wir dazu ein starkes Heer, ein Heer, das stark genug ist, um unsere eigene Unabhängigkeit ohne jeden Bundesgenossen sicher zu stellen. (Sehr richtig!) In Anbetracht dieser Wirkung der früheren Freundschaft der drei großen östlichen Höfe haben wir nicht blos die Aussöhnung mit unserem früheren Gegner, sondern auch die Neubegründung der Freundschaft zwischen den jetzigen Dreikaisermächten als unsere Aufgabe betrachtet. Unsere eigenen Beziehungen zu Rußland waren dabei nicht schwierig. Unsere Freundschaft mit Rußland hat in der Zeit unserer Kriege gar keine Unterbrechung erlitten und ist auch heute über jeden Zweifel erhaben. (Hört! hört!) Wir erwarten von Rußland durchaus weder einen Angriff, noch eine feindselige Politik. — Wenn ich das so unbefangen ausspreche, so kann ich der Vorlage dadurch möglicherweise die Stimmen der polnischen Abgeordneten entfremden, die sonst ja doch ganz gewiß für die möglichste Stärkung der deutschen Macht gegen russische Angriffe stimmen würden, da sie bei einem russischen Siege nichts zu erwarten haben. Aber ich muß doch der Wahrheit die Ehre geben und sagen: Alle die Motive für die Vorlage, die man aus unseren Beziehungen zu Rußland entnommen hat, sind nach meiner politischen Auffassung hinfällig. Wir leben mit Rußland in derselben freundschaftlichen Beziehung wie unter dem hochseligen Kaiser, und diese Beziehung wird unsererseits auf keinen Fall gestört werden. Was hätten wir denn für ein Interesse, Händel mit Rußland zu suchen? Ich fordere Jeden heraus, mir eins nachzuweisen. Die bloße Rauflust kann uns doch unmöglich dazu bringen, mit einem Nachbar, der uns nicht angreift, Händel zu suchen. Solchem barbarischen Instinkte sind die deutschen Regierungen und die deutschen politischen Auffassungen unzugänglich. Also unsererseits wird der Friede mit Rußland nicht gestört werden, und daß man uns von russischer Seite angreifen werde, glaube ich nicht. Ich glaube auch nicht, daß man von russischer Seite nach Bündnissen sucht, um in Ver-

sagen und zu erkennen geben würde. Das Vertrauen kann Jeder zu ihm haben, der die Ehre gehabt hat, ihm irgendwie näher zu treten. Alle Argumente also, die für unsere Vorlage daraus entnommen sind, daß wir einer Koalition von Frankreich und Rußland gegenüber zu treten haben würden, die assumire ich meinerseits nicht, und unsere Stärke ist darauf ja auch nicht zu berechnen. Wir könnten sie ebenso gut auf eine Koalition zu Dreien, wie sie im siebenjährigen Kriege gegen uns stattgefunden hat, berechnen wollen, denn die Möglichkeit ist ja nicht ausgeschlossen, daß wir, wie Friedrich der Große im siebenjährigen Kriege die Errungenschaften der beiden ersten schlesischen Kriege zu vertheidigen hatte, auch unsere Errungenschaften in einem noch größeren Kriege als in den vorhergehenden zu vertheidigen haben würden: — womit ich übrigens nicht auf das Septennat anspielen will. (Heiterkeit.) Ich meine nur die Analogie zwischen den beiden ersten schlesischen Kriegen und dem großen Kampfe, in dem König Friedrich II. seine Errungenschaften gegen große Koalitionen zu vertheidigen hatte, ist historisch nicht ganz zu verwerfen; für den Augenblick aber liegt sie nicht vor, — es müßten große Veränderungen in den Konstellationen eintreten, ehe dergleichen zu befürchten wäre. Wir werden Händel mit Rußland nicht haben, wenn wir nicht bis nach Bulgarien gehen, um sie dort aufzusuchen. (Heiterkeit.) Es ist merkwürdig, daß die Presse derselben Partei, die jetzt der Verstärkung unserer Armee widerspricht, vor wenigen Monaten alles mögliche gethan hat, um uns in einen Krieg mit Rußland zu verwickeln. (Sehr richtig! rechts.) Diese Uebereinstimmung ist in der That eine auffällige. Ich habe vorher gesagt, daß ich auf die Frage, über die dort gemurrt worden ist, vielleicht zurückkommen würde; ich will es nur mit dieser Andeutung. Es ist das auffällig.

Damals bin ich ganz erstaunt gewesen, zu lesen, mit welchen leidenschaftlichen Argumenten seitens der oppositionellen Presse auf einen Bruch mit Rußland hingearbeitet wurde — ich habe ein ganzes Konvolut von Zeitungsausschnitten aus der Zeit aus dem „Berliner Tageblatt", aus der „Freisinnigen Zeitung", aus der „Volks-Zeitung", aus der „Germania" vor Allem; eines überbietet immer das andere an Beschimpfungen der Regierung, weil sie nicht für Bulgarien und seinen damaligen Fürsten Rußland gegenüber den Handschuh aufnehmen wollte. Das erste aus dem „Berliner Tageblatt" fängt gleich damit an:

> „Wenn die Grundlagen des europäischen Friedens derartig erschüttert sind, daß derselbe nur durch ein Mittel erhalten werden kann, welches die Moral in den Völkern untergräbt, dann ist doch eine Frage berechtigt, ob nicht ein gesunder Krieg einem so krank-

mir zunächst den Eindruck von Heiterkeit gemacht; ich habe diese ganze Preßhetzerei lächerlich gefunden, die Zumuthung, daß wir nach Bulgarien laufen sollten, um „hinten weit in der Türkei", wie man früher zu sagen pflegte, die Händel zu suchen, die wir hier nicht finden können. Ich hätte geradezu verdient, wegen Landesverraths vor Gericht gestellt zu werden, wenn ich auch nur einen Augenblick auf den Gedanken hätte kommen können, mich auf diese Dummheit einzulassen (große Heiterkeit), und es hat mich damals auch wenig verdrossen; wir waren ja die Herren, zu thun und zu lassen, was wir wollten. Es hat mich nur tief betrübt, einen solchen Aufwand von Pathos in der deutschen Presse zu finden, um uns womöglich mit Rußland in Krieg zu verwickeln. Als ich diese Deklamationen zuerst las, — sie sind zum Theil weinerlich, zum Theil pathetisch, — so fiel mir unwillkürlich die Szene aus „Hamlet" ein, wo der Schauspieler beklamirt und Thränen vergießt über das Schicksal von Hekuba, — wirkliche Thränen, und Hamlet sagt — ich weiß nicht, wendet er den Ausdruck an, der durch Herrn Virchow hier das parlamentarische Bürgerrecht gewonnen hat, den Ausdruck von „Schuft" —: „Was bin ich für ein Schuft?", oder benutzt er ein anderes Beiwort — kurz und gut, er sagt: „Was ist ihm Hekuba?" — Das fiel mir damals sofort ein. Was sollen diese Deklamationen heißen? Was ist uns denn Bulgarien? Es ist uns vollständig gleichgültig, wer in Bulgarien regiert, und was aus Bulgarien überhaupt wird, — das wiederhole ich hier; ich wiederhole Alles, was ich früher mit dem viel gemißbrauchten und todtgerittenen Ausdruck von den Knochen des pommerschen Grenadiers gesagt habe: die ganze orientalische Frage ist für uns keine Kriegsfrage. Wir werden uns wegen dieser Frage von Niemand das Leitseil um den Hals werfen lassen, um uns mit Rußland zu brouilliren. (Bravo! rechts.) Die Freundschaft von Rußland ist uns viel wichtiger als die von Bulgarien und die Freundschaft von allen Bulgarenfreunden, die wir hier bei uns im Lande haben. (Heiterkeit rechts.)

Ich kann also wohl sagen, die Hoffnung, die ich an das Gelingen des Bestrebens knüpfte, die drei Kaisermächte wieder zu einigen, welche ich zuerst faßte, als es erreicht war, die Monarchen hier in Berlin im Jahre 1872 zusammenzubringen, die hat sich in soweit verwirklicht, daß wir weit entfernt sind von der Wahrscheinlichkeit, mit Oesterreich oder mit Rußland in Händel zu kommen; es liegen gar keine direkten Motive vor, die unseren Frieden mit diesen Beiden gefährden könnten; aber der Schutz, den der Frieden durch diese Verbindung zu Dreien, ich möchte sagen, durch das trianguläre Karré, welches die drei Kaiserreiche unter sich formiren, wenn der Ausdruck nicht unsinnig wäre, gewinnt, ist eben stärker zu Dreien als zu Zweien — und die

jedem von ihnen ist. Es ist unsere Aufgabe, diese Schwierigkeit nach Möglichkeit zu ebnen, in beiden Kabinetten der Anwalt des Friedens zu sein gegenüber den Erregungen publizistischer oder parlamentarischer Natur. Ich brauche diese Erregungen nicht näher zu bezeichnen, — die Presse beider Länder und der Parlamentarismus des einen davon bilden die Gegenströmungen und Schwierigkeiten, mit denen wir bei unsern Bemühungen, sie zu überwinden, und den Advokaten des Friedens in beiden Kabinetten zu machen, rechnen müssen. Wir laufen dabei Gefahr, daß wir in Oesterreich und noch mehr in Ungarn, als russisch bezeichnet, und in Rußland für österreichisch gehalten werden. Das müssen wir uns gefallen lassen; wenn es uns gelingt, den eigenen Frieden und den Europas zu erhalten, so wollen wir uns das auch gern gefallen lassen.

Nicht minder aufrichtig und angestrengt sind unsere Bemühungen gewesen, nach dem französischen Kriege die Versöhnung mit Frankreich herbeizuführen; ob sie ganz so glücklich gewesen sind wie im Osten, das weiß ich nicht. Wenn wir mit den Verhältnissen im Osten allein zu rechnen hätten, so würden dieselben uns nicht zu einer Vorlage dieser Art bestimmt haben. Bezüglich Frankreichs liegt es aber anders; ich kann ja nur nach meinem politischen Urtheile sprechen, aber ich kann für mich geltend machen, daß ich seit — ich glaube — jetzt 36 Jahren in der großen europäischen Politik thätig bin, und daß ich mich auf manche Epochen und Vorgänge berufen kann, in denen mein politisches Urtheil das richtige gewesen ist, und namentlich richtiger als das der parlamentarischen Opposition, die ich mir gegenüber fand. (Sehr richtig! rechts.)

Die Frage, wie wir mit Frankreich in der Zukunft stehen werden, ist für mich eine minder sichere. Ich habe nicht das Bedürfniß, alle europäischen Mächte durchzugehen; ich spreche von Italien und England gar nicht, weil gar kein Grund vorliegt, daß wir für beide Regierungen und sie für uns gegenseitig nicht das größte Wohlwollen haben sollten. Unsere Beziehungen zu den beiden sind derart, daß ich sie hier nicht mit in Betracht ziehe bei der Vermehrung unserer Streitkräfte, — sie sind in jeder Hinsicht freundschaftlich. Zwischen uns und Frankreich ist das Friedenswerk deshalb schwer, weil da eben ein langwieriger historischer Prozeß in der Mitte zwischen beiden Ländern liegt; das ist die Ziehung der Grenze, die ja zweifelhaft und streitig geworden ist von dem Zeitpunkte an, wo Frankreich seine volle innere Einigkeit und königliche Macht, ein abgeschlossenes Königthum erreicht hat.

Das Infragestellen der deutschen Grenze hat angefangen, wenn wir es

Nation nun heute definitiv abgeschlossen, oder ist sie es nicht? Das können Sie so wenig wissen wie ich. Ich kann nur meine Vermuthung dahin aussprechen, daß sie nicht abgeschlossen ist; es müßten sich der ganze französische Charakter und die ganzen Grenzverhältnisse ändern.

Wir haben unsererseits alles gethan, um die Franzosen zum Vergessen des Geschehenen zu bewegen. Frankreich hat unsere Unterstützung und unsere Förderung in jedem seiner Wünsche gehabt, nur nicht in demjenigen, der sich auf eine mehr oder weniger lange Strecke von Rheingrenze richten konnte; weder im Elsaß noch weiter unten können wir das zugeben. Aber wir haben uns redlich bemüht, im Uebrigen Frankreich gefällig zu sein und dasselbe zufriedenzustellen, wie wir können. Wir haben unsererseits ja nicht nur keinen Grund, Frankreich anzugreifen, sondern auch ganz sicher nicht die Absicht. Der Gedanke, einen Krieg zu führen, weil er vielleicht späterhin unvermeidlich ist und späterhin unter ungünstigeren Verhältnissen geführt werden könnte, hat mir immer fern gelegen, und ich habe ihn immer bekämpft. (Bravo!)

Ich bin dagegen gewesen im Jahre 1867, die Luxemburger Frage aufzunehmen, um den Krieg mit Frankreich zu führen. Luxemburg war gewiß des Krieges mit Frankreich nicht werth, und namentlich nicht unser zweifelhaftes Garnisonrecht, nachdem der Bund erloschen war. Es konnte damals nur auf die Frage ankommen, ob wir den Krieg nicht späterhin doch führen müßten, und da sagte ich: das ist vielleicht möglich, ich kann das aber so genau nicht wissen, ich kann der göttlichen Vorsehung nicht so in die Karten sehen, daß ich das vorher wüßte. (Bravo!)

Mein Rath wird nie dahin gehen, einen Krieg zu führen, deshalb, weil er später vielleicht doch geführt werden muß. Er kann vielleicht nach Gottes Willen, wenn er später geführt wird, unter für uns günstigeren Verhältnissen geführt werden, wie das mit Frankreich der Fall gewesen ist. Wir haben 1870 mit günstigerem Erfolge geschlagen, als wir 1867 gekonnt hätten; aber es wäre doch ebenso gut möglich gewesen, wenn der Kaiser Napoleon früher gestorben wäre, daß der Krieg uns ganz erspart geblieben wäre.

Also das führe ich nur an, um meine Ueberzeugung zu begründen und auch anderen im Auslande glaublich zu machen, daß wir Frankreich niemals angreifen werden. Wenn die Franzosen so lange mit uns Frieden halten wollen, bis wir sie angreifen, wenn wir dessen sicher wären, dann wäre der Friede ja für immer gesichert. (Lebhafter Beifall.) Was sollten wir denn von Frankreich erstreben? Sollten wir noch mehr französisches Land annektiren? Ich bin schon — ich muß das aufrichtig sagen — 1871 nicht mehr geneigt gewesen, Metz zu nehmen, ich bin damals für die Sprachgrenze

Ich war damals sehr in Sorge vor der Einmischung der Neutralen und hatte mich schon seit Monaten gewundert, daß wir nicht einen Brief von diesen bekamen. Ich wünschte dringend, daß Thiers nicht genöthigt werden sollte, nach Bordeaux zurückzugehen, um vielleicht den Frieden wieder rückgängig zu machen. Ich habe mich darauf mit unseren militärischen Autoritäten und namentlich mit meinem vor mir sitzenden Freunde besprochen: Können wir darauf eingehen, eines von beiden zu missen? und ich habe darauf die Antwort erhalten: Belfort, ja! Metz ist 100 000 Mann werth; die Frage ist die, ob wir 100 000 Mann schwächer sein wollen gegen die Franzosen, wenn der Krieg wieder ausbricht, oder nicht. Darauf habe ich gesagt: Nehmen wir Metz! (Heiterkeit.) Sie stehen jetzt, meine Herren, vor derselben Frage, ob Sie, wenn der Krieg mit Frankreich vielleicht in sieben Jahren wieder ausbricht, 100 000 Mann schwächer sein wollen oder nicht. Mit anderen Worten: Es ist ganz von derselben schweren Bedeutung für unsere zukünftige Sicherheit, ob Sie Metz aufgeben wollen, als ob Sie uns 100 000 Mann verweigern, die durch die jährliche Ausbildung von 16 000 Mann Soldaten geschaffen werden sollen, bis dahin, wo der Krieg möglicherweise ausbricht. Also, wenn Sie vorziehen, daß wir den Franzosen sagen: Seid doch gut, wir geben Euch Metz, wenn Ihr ferner stille sitzen wollt, — so ist das ungefähr dasselbe, als wenn Sie uns jetzt die Verstärkung der Armee, die wir nach unserem militärischen Urtheil zu gebrauchen glauben, versagen. (Bewegung.) Also ich wiederhole: Wir werden Frankreich nicht angreifen, unter keinen Umständen. Es giebt viele Franzosen, die darauf warten, weil sie lieber einen Vertheidigungskrieg als einen Angriffskrieg führen wollen, weil es Viele giebt, bei denen der französische Angriff auf Deutschland nicht populär ist. Sie werden, wer von Ihnen die französische Geschichte kennt, mir Recht geben, daß die Entschließungen Frankreichs in schweren Momenten immer durch energische Minoritäten und nicht durch die Majoritäten und das ganze Volk bewirkt worden sind. Diejenigen, die den Krieg mit uns wollen, die suchen einstweilen nur die Möglichkeit, ihn mit möglichster Kraft zu beginnen. Ihre Aufgabe ist, le feu sacré de la revanche zu unterhalten. Die Aufgabe, die Gambetta dahin definirte: Ne parlez jamais de la guerre, mais pensez-y toujours! und das ist auch heute noch die Signatur der französischen Situation. Man spricht nicht davon, man spricht nur von der Befürchtung, von Deutschland angegriffen zu werden. Diese Befürchtung ist unwahr, und wer sie in Frankreich ausspricht, weiß, daß er die Unwahrheit sagt. Wir werden Frankreich nicht angreifen. Nichtsdestoweniger wird damit dem friedliebenden Franzosen Jacques Bonhomme, der lieber seinen Acker baut, als in den Krieg zieht,

die den Krieg mit uns wünschen; sie haben die Absicht, ehrlich mit uns zu leben. Ebenso war es mit der früheren Regierung Freycinet oder Ferry. Alle diese Herren waren freundlich, so lange sie am Ruder waren, und wenn Sie nur deren Regiment auf längere Zeit verbürgen könnten, so würde ich sagen: Sparen wir unser Geld, aber sparen wir es nicht für den Fall, daß wir vielleicht feindliche Kontributionen zu zahlen haben. Wie die Sachen liegen, kann mich dieses Vertrauen auf die friedlichen Gesinnungen der französischen Regierung, auf die friedlichen Gesinnungen eines großen Theiles der französischen Bevölkerung aber nicht bis zu dem Grade von Sicherheit einwiegen, daß ich sagen könnte: Wir haben einen französischen Krieg gar nicht mehr zu fürchten. Nach meiner Ueberzeugung haben wir ihn zu fürchten durch den Angriff Frankreichs, ob in zehn Tagen oder in zehn Jahren, das ist eine Frage, die ich nicht entscheiden kann, das hängt ganz ab von der Dauer der Regierung, die gerade in Frankreich ist. Als die letzte Regierung, die Regierung Freycinet, zum Rücktritt genöthigt wurde, hat 24 Stunden vorher Jemand eine Ahnung davon gehabt? Ich wenigstens nicht, und ich glaube, daß ich ziemlich gut unterrichtet war. Hat nachher acht oder vierzehn Tage lang hier irgend Jemand gewußt, wer in Frankreich ans Ruder kommen würde? In welcher Verlegenheit die Parteien mit ihrer Parlamentsherrschaft waren, um zu bestimmen, wer nun regieren sollte, das haben wir Alle gewußt, aber was daraus werden würde, das hat Keiner vorhersagen können. Es konnte auch noch anders kommen, es konnte auch ein weniger friedliches Kabinet als das des Herrn Goblet aus dieser Krisis hervorgehen. Es ist an jedem Tage möglich, daß eine französische Regierung ans Ruder kommt, deren ganze Politik darauf berechnet ist, von dem feu sacré zu leben, was jetzt so sorgfältig unter der Asche unterhalten wird. Darüber können mich auch keine friedlichen Versicherungen, keine Reden und keine Redensarten vollständig beruhigen, ebenso wenig wie ich weiß, was ich damit machen soll, wenn uns hier im Parlament versichert wird: wenn die Gefahr eintritt, dann können Sie auf den letzten Thaler rechnen, dann stehen wir mit Gut und Blut ein. Das sind Worte, damit kann ich nichts machen. Worte sind keine Soldaten, und Reden sind keine Bataillone; und wenn wir den Feind im Lande haben und wir lesen ihm diese Reden vor, dann lacht er uns aus. (Heiterkeit rechts.)

Ich bin also der Meinung, daß der historische Prozeß, der seit drei Jahrhunderten zwischen uns und Frankreich schwebt, nicht beendigt ist, und daß wir darauf vorbereitet sein müssen, ihn von französischer Seite aus fortgesetzt zu sehen. Wir sind gegenwärtig im Besitz des streitigen Objekts, wenn ich das Elsaß als solches bezeichnen soll. Wir haben gar keinen Grund,

nicht Krieg führen, wir acceptiren die Situation des Frankfurter Friedens gerade so, wie wir die Situation des Pariser Friedens im Jahre 1815 acceptirt haben, und wir beabsichtigen keinen Krieg wegen Elsaß zu führen? Giebt es in Frankreich ein Ministerium, welches den Muth hätte? Nun, warum giebt es das nicht? An Muth fehlt es den Franzosen doch sonst nicht! Es giebt das deßhalb nicht, weil die öffentliche Meinung in Frankreich dagegen ist, weil sie gewissermaßen einer mit Dampf bis zur Explosion gefüllten Maschine gleicht, wo ein Funke, eine ungeschickte Bewegung hinreichen kann, um das Ventil in die Luft zu sprengen, und mit anderen Worten einen Krieg herzustellen. Es wird das Feuer so sorgfältig geschürt und gepflegt, daß man die Absicht, es zunächst nicht und auch nach menschlichem Gedenken nicht zu benutzen, um es ins Nachbarland hineinzuwerfen — in keiner Weise vorauszusetzen berechtigt ist.

Nun ist ja die Frage: ist die Möglichkeit, daß wir von Frankreich angegriffen werden, an sich ein ausreichender Grund, um diese Vorlage zu bewilligen? Ich habe bei meiner Motivirung keine Koalitionen, keine Kombinationen und Konjekturen im Auge, sondern die einfache Möglichkeit, daß wir und Frankreich uns ohne Bundesgenossen im freien Felde einander gegenüberstehen. Schon wenn der Krieg ausbräche, würde die Kalamität eine große. Bedenken Sie, was allein der ausbrechende Krieg, ganz unabhängig von dem Ausgange desselben, — zu sagen hat! Unser ganzer Handel zu Lande und zur See, unsere ganzen industriellen Unternehmungen würden sämmtlich lahm gelegt sein — ich brauche das wohl nicht zu schildern, Sie haben es selbst erlebt. Diese Kalamität, daß der Krieg ausbrechen könnte, wird vielleicht gefördert, wenn der Krieg leicht erscheint, wird verhindert, wenn der Krieg schwer erscheint. Je stärker wir sind, desto unwahrscheinlicher ist der Krieg. Die Wahrscheinlichkeit eines französischen Angriffs auf uns, die heute nicht vorliegt, tritt ein, wenn unter dem Eintritt einer anderen Regierung, wie die heutige, Frankreich irgend einen Grund hat, zu glauben, daß es uns überlegen sei. Dann, glaube ich, ist der Krieg ganz sicher. Diese Ueberzeugung kann beruhen auf Bündnissen, die Frankreich hätte. Ich habe vorhin entwickelt, daß ich nicht glaube, daß solche Bündnisse stattfinden werden; es ist eine Aufgabe der Diplomatie, danach zu streben, daß dies verhindert werde, oder Gegenbündnisse zu haben, wenn dies eintritt. Ich will blos das Duell zwischen uns und Frankreich ins Auge fassen.

Das kann also eintreten, sobald Frankreich stärker ist, als wir: einmal durch Bündnisse oder auch durch die Ueberlegenheit seiner Bewaffnung. Diese rein technische Frage überlasse ich meinem militärischen Kollegen; ungeachtet der Uniform, die ich trage, fällt es mir nicht ein, habe ich nicht die Un-

daß ihr Gewehr besser ist, — wie es 1870 besser war — oder daß ihr Pulver besser ist, weil sie das richtige Pulver zu einem kleinkalibrigen, schnellschießenden Gewehr früher haben als wir, — das sind alles Sachen, die unter Umständen die Entschließung der französischen Regierung für den Krieg bestimmen können; denn sobald sie glauben, zu siegen, fangen sie den Krieg an. Das ist meine feste, unumstößliche Ueberzeugung, und Sie mögen mehr Erfahrungen in der Politik und im Urtheil haben, als ich — ich kann nur nach meiner Ueberzeugung handeln.

Ich sage also: wir müssen auf den Fall eingerichtet sein, daß wir in einem solchen Krieg unterliegen sollten; ja, ich bin nicht furchtsam genug, das vorauszusehen, aber die Möglichkeit kann doch Niemand bestreiten. Bis jetzt sind es nur muthige Zivilisten (Heiterkeit), die meinen, keiner Verstärkung zu bedürfen; diejenigen Generäle und Heerführer, diejenigen Feldherren unter unseren Souveränen, die persönlich Fühlung mit der französischen Klinge gehabt haben, die sind durchaus anderer Meinung. Wenn so furchtlose Leute der Meinung sind: wir brauchen, um den nächsten Krieg mit Frankreich sicher zu bestehen, um der französischen Armee ebenbürtig zu sein, die und die Verstärkung, — dann finde ich es einen traurigen Muth, dem gegenüber zu sagen: Sie irren sich, wir brauchen sie nicht, wir sind so stark genug. Ich sage: einen traurigen Muth, weil dieses mich einigermaßen an den miles gloriosus erinnert, der sagt: wir schlagen die Franzosen auch so wie so. Meine Herren, da irren sie sich, die parlamentarischen Strategen! Sie unterschätzen die Macht von Frankreich; Frankreich ist ein großes, mächtiges Land, ebenso mächtig wie wir; Frankreich hat ein kriegerisches Volk und ein tapferes Volk und hat jederzeit geschickte Heerführer gehabt. Es ist ein Zufall, wenn sie uns unterlegen sind. Sie unterschätzen die Franzosen in der allerirrthümlichsten Weise, und es wäre eine Ueberhebung, zu sagen, daß Frankreich an und für sich als geschlagen zu betrachten wäre, wenn es uns gegenübersteht.

Wenn aber die Sachen so zweifelhaft sind nach dem Urtheil der kompetenten Behörden, wenn die Möglichkeit überhaupt nach menschlicher Berechnung vorhanden ist, daß wir geschlagen werden können, — ja, meine Herren, dann sind die Folgen eines unglücklichen Krieges doch zu traurig, als daß irgend Jemand, wenn sie eintreten, die Verantwortung für ein solches Votum tragen könnte. Es ist viel von ministerieller Verantwortlichkeit die Rede, aber ich habe nie gehört — vielleicht wird es der Zukunft vorbehalten, solche Gesetze einzuführen —, daß auch Abgeordnete, welche an Beschlüssen theilnehmen, die ihr Land ins Unglück führen, einer Verantwortlichkeit dafür vor dem Richter unterliegen. (Bravo! rechts.)

serven verdreifacht hat und mit der größten Bereitwilligkeit und Hingebung der Regierung jede Kosten bewilligt hat, ohne auch nur je eine Sekunde darüber zu diskutiren. Ich erinnere Sie daran, daß mit gewissem Mitleid die französischen Blätter auf die Vorgänge im Deutschen Reichstag, und mit was für Schwierigkeiten die deutsche Regierung zu kämpfen hätte, wenn sie ihr Vaterland stärken wollte, hingedeutet haben. Frankreich ist also unendlich viel stärker, als es gewesen ist. Wenn wir es einmal geschlagen haben, so liegt darin gar keine Bürgschaft, daß wir es wieder schlagen werden; wir müssen diese Bürgschaften, sobald sie nach dem Urtheil unserer kompetenten Militärbehörden unzulänglich sind, verstärken. Wenn sie unzulänglich blieben, und wenn wir geschlagen würden, wenn der siegreiche Feind in Berlin stände, wie wir in Paris gestanden haben, wenn wir genöthigt wären, seine Bedingungen des Friedens anzunehmen —, ja, meine Herren, was würden dann diese Bedingungen sein?

Ich spreche gar nicht von der Geldfrage, obschon die Franzosen so glimpflich mit uns nicht verfahren würden, wie wir mit ihnen verfahren sind; ein so gemäßigter Sieger wie der christliche Deutsche ist in der Welt nicht mehr vorhanden. Wir würden dieselben Franzosen uns gegenüber finden, unter deren Herrschaft wir 1807 bis 1813 gelitten haben, und die uns ausgepreßt haben bis aufs Blut, — wie die Franzosen sagen: saigner à blanc, d. h. so lange zur Ader lassen, bis die Blutleere eintritt, damit der niedergeworfene Feind nicht wieder auf die Beine kommt und in den nächsten 30 Jahren nicht wieder an die Möglichkeit denken kann, sich dem Sieger gegenüberzustellen. Das hätten wir, wenn wir eben nur die Staatsraison und nicht auch die christliche Gesinnung zu Rathe zögen, wie das kriegführende Frankreich das gewohnt ist, 1870 ebenso gut thun können, wie Napoleon es im Jahre 1807 und später gethan hat. Wenn Sie die Erzählungen der alten Leute aus jener Zeit lesen, wenn Sie, wie ich noch in meiner Kinderzeit, unmittelbar die Erzählungen der Bauern, Landleute und Gutsbesitzer über die Leiden der Fremdherrschaft im Lande angehört hätten, ich glaube, Sie würden auch ängstlicher sein vor der entferntesten Möglichkeit, daß ähnliche Zustände wieder eintreten könnten.

Aber das Geld ist ja das Wenigste; man würde dafür sorgen, daß das Deutsche Reich so stark nicht bleibt, wie es ist. Man würde, von der Rheingrenze ausgehend, uns vom Rhein so viel abnehmen, wie man könnte; ich glaube nicht, daß man sich mit Elsaß-Lothringen begnügen würde, man würde ein alterum tantum dazu verlangen, den Rhein abwärts. Auch das

an Dänemark verlieren. Uns in Polen lästige und erschwerende Bedingungen aufzuerlegen ist so lange recht schwierig, als man nicht mit Rußland einverstanden ist, und dieses Einverständniß, glaube ich, liegt sehr fern für Frankreich. Aber man könnte doch uns immerhin die Bedingung auferlegen, daß Frankreich Gerant derjenigen Rechte ist, welche der König von Preußen seinen polnischen Unterthanen zu gewähren hat. Man könnte in dieser Garantie noch weiter gehen nach anderen Richtungen. Ich will das nicht weiter verfolgen; ich will Ihnen blos die Möglichkeit schildern, der wir in einem unglücklichen Kriege ausgesetzt sind. Halten Sie das für übertrieben? Meine Herren, Sie kennen die Zukunft doch nicht; was die Entschließungen eines supponirten französischen Siegers sein würden, das können Sie doch unmöglich wissen. Wir würden, wenn wir jetzt von neuem von Frankreich angegriffen würden, und uns noch überzeugen müßten, daß wir nie und unter keinen Umständen Ruhe haben, ähnlich verfahren, wenn wir wieder als Sieger in Paris sind. Wir würden uns bemühen, Frankreich auf 30 Jahre außer Stande zu setzen, uns anzugreifen und uns in den Stand zu setzen, daß wir gegen Frankreich mindestens für ein Menschenalter vollständig gesichert sind. Der Krieg von 1870 würde ein Kinderspiel sein gegen den von 1890 — ich weiß nicht, wann — in seinen Wirkungen für Frankreich. (Bravo!) Also das wäre auf der einen Seite wie auf der anderen Seite das gleiche Bestreben; jeder würde versuchen, de saigner à blanc.

Nun, meine Herren, ich kann mir darnach nicht denken, wer überhaupt sich stark genug fühlt, die Verantwortung für die Möglichkeit des Eintritts solcher Zustände zu übernehmen. Die verbündeten Regierungen sind es ganz sicher nicht; die werden die Verantwortlichkeit dafür nicht tragen. Die verbündeten Regierungen haben — nach dem Eingang zur Bundesverfassung ist der oberste Zweck des Bundes der Schutz des Bundes und des Bundesgebietes — sie haben dem Volk gegenüber die Verantwortlichkeit dafür, daß dieser Schutz jederzeit vorhanden sei; der kann nicht improvisirt werden je nach dem Belieben einer parlamentarischen Majorität, durch ein Budgetvotum, der muß dauernd vorhanden sein, der ist eine fundamentale Institution unserer deutschen Einrichtungen. (Bravo! rechts.) Und die verbündeten Regierungen sind fest entschlossen, die Verantwortung dafür nicht zu tragen, sondern sich mit dem vollen Gewicht ihrer Autorität und ihrer verfassungsmäßigen Rechte dafür einzusetzen, daß Deutschland nicht minder geschützt bleibe, als es seinen Kräften nach sein kann. Das, was einstweilen nach dem militärischen Urtheil für diesen Zweck als Bedürfniß bezeichnet worden ist, sind 40 000 Mann zur Verstärkung der Grenzbesatzungen gegen den ersten

scheiden vermag, ob wir 100 000 Mann mehr haben. Wollen Sie die Verantwortlichkeit dafür tragen, daß dies Gewicht nicht zur Verfügung sei? Wir wollen es nicht, und ich bin überzeugt, es wird uns möglich sein, es zur Verfügung zu erhalten, mag Ihr Votum ausfallen heute, wie Sie wollen. (Bravo! rechts.)

Ob diese Einrichtung nun für längere oder kürzere Zeit getroffen werden soll, das ist eine Frage, auf deren Gebiet sich die Diskussion in der jüngsten Zeit ja vorwiegend bewegt hat. Wir haben sie auf 7 Jahre verlangt aus keinem anderen Grunde, als weil die Ziffer von 7 Jahren die Grundlage eines früheren Kompromisses war, weil wir der Ueberzeugung sind, daß das konstitutionelle Leben überhaupt aus einer Reihe von Kompromissen besteht; und weil wir gern an ein früheres Kompromiß anknüpfen, so haben wir es unverändert aufrecht zu erhalten gesucht. Jede Ziffer ist mehr oder weniger willkürlich. Je länger die Dauer ist, um desto größer ist die Zahl der ausgebildeten Soldaten, die in Aussicht genommen wird, und um so weiter von uns entfernt liegt die innere Gefahr, daß wir in Krisen und Streitigkeiten über diese Frage gelangen. Es kann ja Niemand entgehen, daß jedesmal, wenn es sich darum handelt, auf Grund des Artikels 60 der Verfassung ein neues Gesetz über die Präsenzzeit zu machen, sich aller unserer Schichten und Parteien eine gewisse Aufregung bemächtigt, die bedauerlich und unter Umständen auch eine gefährliche ist. Es entsteht jedesmal aus der Diskussion dieser Frage eine gewisse Krise — ich will nicht sagen ein Konflikt, aber die Besorgniß vor einem Konflikt. Es entsteht jedesmal die Frage: was ist denn Rechtens, wenn eine Vereinbarung nicht zu Stande kommt? Nun, ich glaube, der Reichstag wird sich nicht darüber beschweren können, daß der Bundesrath bisher einen zu weitgehenden Gebrauch gemacht habe von seinem zweifellosen verfassungsmäßigen Rechte, jedem Gesetzentwurfe, der ihm vom Reichstage zugeht, seine Zustimmung zu versagen — auch solchen Gesetzentwürfen, deren Zustandekommen in der Verfassung vorausgesetzt ist. Der Bundesrath hat von diesem zweifellosen Rechte, der voll- und gleichberechtigte Faktor der Gesetzgebung zu sein, von der Thatsache, daß kein Budgetgesetz ohne seine Zustimmung zu Stande kommen kann, von der Thatsache, daß kein Gesetz über eine Präsenzzahl ohne seine Zustimmung zu Stande kommen kann, nie einen unbequemen Gebrauch gemacht, er ist, wie der Kaufmann zu sagen pflegt, koulant in dieser Beziehung gewesen. Wir haben Vorlagen recht unerfreulich verkümmert und verändert zurückkommen sehen, wir haben es ruhig hingenommen, aber es giebt im

ferer Ueberzeugung sein könnte, hat nie auf die Zustimmung der verbündeten Regierungen zu rechnen. (Bravo! rechts.) Daß bei den Verhandlungen einer so wichtigen Frage, bei der es sich gewissermaßen um Kopf und Kragen für Deutschland handelt, daß dabei der Bundesrath so koulant und entgegenkommend sein und ein Auge zudrücken wird, und die Punkte auf das i nicht setzen wird, das erwarten Sie in einer solchen Frage nicht. Warum wollen Sie nun solche Krisen vervielfältigen, indem Sie sie womöglich alle Jahre herbeiführen oder doch alle drei Jahre? Wir haben eine Abneigung gegen solche Krisen und Konflikte. Wir wünschen Kompromisse und halten an dem Kompromiß von früher fest, und deshalb haben wir das Septennat vorgeschlagen. Wenn dasselbe abläuft, so kommt immer die Frage: was ist denn Rechtens, wenn über das Präsenzgesetz nach Artikel 60 keine Vereinbarung der beiden Faktoren der Gesetzgebung stattfindet; oder was ist denn Rechtens, wenn über das Budget keine Vereinbarung beider Faktoren herbeigeführt wird? Die zweite Frage will ich gar nicht berühren, sie liegt nicht vor, und ich halte es nach meiner diplomatischen Gewohnheit nicht für nöthig, mich mit Fragen zu beschäftigen, die augenblicklich nicht brennend sind. Ich will blos sagen: was ist Rechtens, wenn wir über die Präsenzziffer uns nicht einigen? Hört deshalb die Armee auf, zu existiren? Das werden Sie selbst nicht behaupten wollen. Dann treten diejenigen Bestimmungen der Verfassung wieder in volle Kraft, die durch das auf Grund der Zusage von Artikel 60 gegebene Gesetz beschränkt sind. Das Gesetz auf Grund des Artikels 60 zieht die obere Grenze der Zulässigkeit der Präsenzziffer. Der Kaiser kann nicht darüber hinausgehen. Nach diesem Gesetze dauert sie noch bis zum nächsten Jahre, 1888; wenn dieses Gesetz schwindet, ein neues nicht zu Stande kommt, sind wir dann weit entfernt davon, daß diese Grenze sinkt oder die Armee verschwindet, sondern es steigt die obere Grenze der berechtigten Präsenzstärke der Armee bis zu dem Satze des Artikels 59 der Verfassung:

Jeder wehrpflichtige Deutsche hat 3 Jahre lang bei der Fahne zu dienen. Das ist denn unsere Präsenzziffer (Heiterkeit rechts), die wir erreichen dürfen. Das ist eine finanzielle Unmöglichkeit, eine militärische Unbequemlichkeit, und deshalb hat die Verfassung, schon bevor das Versprechen im Artikel 60 entstand, durch den vierten Absatz des Artikels 63 das Moderamen gegeben, daß der Kaiser den Präsenzstand der Kontingente des Reichsheeres bestimmen soll. Also der Kaiser ist dann der Moderator, der allein zu sagen hat, wie hoch unter dem von Artikel 59 gegebenen Präsenzstand der letztere sein soll. Wenn wir nach kaiserlicher Machtvollkommenheit strebten, dann wäre dieser Zustand für uns außerordentlich erwünscht und wir könnten nur sagen: stellen Sie die Sache so kurz als möglich, es ist zu bedauern, daß das Früh-

Es ist auch dann nicht die Möglichkeit, durch das Budgetrecht im Ausgabe-Etat dem entgegen zu wirken, denn in dem vierten und letzten Alinea des Artikels 62 ist ausdrücklich gesagt worden:

> Bei der Feststellung des Militärausgabe-Etats wird die auf Grund dieser Verfassung gesetzlich feststehende Organisation des Reichsheeres zu Grunde gelegt.

Sie könnten uns also, ohne Ihrerseits sich vom Boden der Verfassung zu entfernen, gar nicht verweigern, wenn eine Präsenzziffer überhaupt nicht nach Artikel 60 der Verfassung gesetzlich festgelegt ist, das Ausgabebudget dem entsprechend einzurichten.

Wenn also keine Verständigung, die für die verbündeten Regierungen annehmbar ist, im Hinblick auf die äußere Sicherheit des Deutschen Reichs zu Stande kommt, so liegt durchaus kein Zustand vor, in dem die deutsche Armee von der Bildfläche zu verschwinden hätte, sondern es tritt ganz einfach die größere kaiserliche Machtvollkommenheit, die die Verfassung stipulirt, wieder in Kraft. Um dem Reichstage die Mitwirkung dabei zu bewahren, ist der Artikel 60 geschaffen und ist das Gesetz versprochen, das die Präsenzstärke, die der Kaiser nicht überschreiten darf, mit Zustimmung des Reichstages, das heißt durch ein Gesetz! festftellen soll. Diese Bindung existirt augenblicklich bis 1888 und existirt nur durch dieses Gesetz. Lesen Sie in allen Ihren gesinnungsbefreundeten Rechtsbüchern darüber nach: Rönne, Laband, lesen Sie andere, Sie werden immer finden, daß die Mitwirkung des Reichstages, der Einfluß des Reichstages auf die Höhe des Heeres allein beruht auf der Fortdauer der Gesetze, die auf Grund von Artikel 60 gemacht werden, und die dem Kaiser in seiner Machtvollkommenheit eine niedrigere Grenze ziehen, als Er nach der Verfassung haben würde.

Meine Herren, da ist doch eigentlich gar kein Grund, warum Sie so lüstern nach Krisen sind und alle drei Jahre, ja sogar jedes Jahr denselben Streit haben wollen, ob das deutsche Heer bestehen solle oder nicht; denn wenn Sie in diesem Streite anderer Meinung blieben als die verbündeten Regierungen, so würde Ihre Meinung nach dem Inhalte der Verfassung von keiner durchschlagenden Wirkung sein. Sie kompromittiren sich ganz ohne Noth darüber in einer Richtung, in der Ihren Willen durchzusetzen Sie nicht die Macht haben, weil Sie das verfassungsmäßige Recht nicht haben.

Sie haben die Verfassung nicht gelesen, wenn Sie glauben können, daß es Ihnen möglich ist, in jedem Jahre durch das Budget die Heeresstärke festzustellen, ohne Rücksicht auf den Kaiser und auf sein Recht, welches auf Artikel 5 der Verfassung beruht, und demzufolge Er befugt ist, in Sachen

Präsenzziffer des vorigen Jahres, und würde in Folge des ausschlaggebenden Votums des Kaisers immer in Geltung bleiben, selbst wenn, was nicht denkbar ist, die Majorität des Bundes dagegen stimmte. Die verbündeten Regierungen werden aber vollkommen einstimmig sein, und ein solches Gesetz wird nie und in keinem Jahre zu Stande kommen, welches uns eine unzulängliche Armee durch das Budget oktroyiren wollte. Ich weiß nicht, warum Sie ein Bedürfniß haben, diese Krisen, die sich daran knüpfen, häufiger hervorzurufen, als sie nach dem Kompromiß alle 7 Jahre stattfinden. Wir haben dieses Bedürfniß nicht; wir wünschen keine Krisen und keine Konflikte; wir wünschen an dem Kompromiß festzuhalten, der da ist. Ueber dieses hinaus werden wir uns aber nicht treiben lassen. Wir halten unbedingt an dem vollen Septennat fest und an der ganzen Vorlage, wie wir sie gemacht haben, und weichen keinen Nagel breit davon ab. (Bravo! rechts.)

Das deutsche Heer ist eine Einrichtung, die von den wechselnden Majoritäten des Reichstages nicht abhängig sein kann. Wer bürgt uns denn dafür, daß eine Majorität, die sich auf so heterogene Weise zusammensetzt wie die jetzige, eine dauernde sein werde? Daß die Fixirung der Präsenzstärke von der jedesmaligen Konstellation und Stimmung des Reichstages abhängen sollte, das ist eine absolute Unmöglichkeit. Streben Sie doch nicht nach solchen Phantasiegebilden, meine Herren! (Bravo! rechts.) Ohne unser deutsches Heer, eine der fundamentalsten Haupteinrichtungen und Grundlagen, ohne das Bedürfniß der gemeinsamen Vertheidigung gegen auswärtige Angriffe wäre der ganze Bund, auf dem das Deutsche Reich beruht, gar nicht zu Stande gekommen. Vergegenwärtigen Sie sich das immer, wenn Sie diese Hauptbedingung seiner Existenz ihm unter den Füßen wegziehen und es gefährden; denn geschützt sein wollen wir Alle, auch Ihre Wähler — rechnen Sie darauf!

Der Versuch, der mit diesen Anträgen gemacht worden ist, den Stand des Heeres von den wechselnden Majoritäten und den Beschlüssen des Parlaments abhängig zu machen, also mit anderen Worten, aus dem kaiserlichen Heer, das wir bisher in Deutschland

jedesmaligen Abstimmung des Parlamentes in jedem Jahre abhängt, daß die Hälfte der Armee entlassen werden kann, daß die Armee reduzirt werden kann auf den einjährigen Dienst, auf das, was die Sozialdemokraten noch bewilligen — es ist ja auch eine sozialdemokratische Majorität in diesem Hause möglich —. Es kann unmöglich der Wille der deutschen Nation sein, daß sie auf diese Weise in ihrer Wehrhaftigkeit, in der Sicherheit im eigenen Heere abhängig sein soll von den jedes Jahr wechselnden Majoritäten des Parlaments. Es liegt das ganz außerhalb der Verfassung, und die verbündeten Regierungen wünschen zu einem neuen Kompromiß zu gelangen, aber zu einem siebenjährigen, zu keinem kürzeren. Wir wollen die Krisen und die Gefahr der Konflikte nicht häufen, und wir wollen den Gedanken nicht aufkommen lassen, als wären Sie überhaupt berechtigt, einseitig ohne die Mitwirkung des Bundesraths und des Kaisers über den Bestand des deutschen Heeres zu verfügen. Gegen diesen Gedanken allein würden wir schon an die Wähler appelliren, ob dies der Wille des Volkes ist; und die verbündeten Regierungen sind ihrerseits entschlossen, mit dem ganzen Gewicht ihres Einflusses im Reiche und im Volke für die Aufrechterhaltung der Wehrhaftigkeit Deutschlands und des Heeres einzutreten. (Bravo!) Von Sr. Majestät dem Kaiser werden Sie doch unmöglich erwarten, daß er in seinem 90. Lebensjahre nun das Werk desavouirt und zu seiner Zersetzung mitwirken will, dem er die letzten 30 Jahre seines Lebens gewidmet hat, der Schöpfung des deutschen Heeres und der Schöpfung des Deutschen Reiches. Wenn Sie das glauben, wenn Sie irgend durch Ihr Verhalten uns die Ueberzeugung geben, daß Sie dahin streben; wenn Sie nicht durch eine baldige und vollständige Annahme unserer Vorlage die Sorge der verbündeten Regierungen um die Wehrhaftigkeit Deutschlands befriedigen, dann ziehen wir es vor, die Unterhandlungen mit einem anderen Reichstage, als den ich hier vor mir sehe, mit Aussicht auf mehr Erfolg fortzusetzen, (Bravo!) und dieser Entschluß liegt in seiner Ausführung sehr viel näher, als Sie annehmen. Wir werden uns nicht auf lange Verhandlungen mehr einlassen, sondern die Gefahr, in die wir das deutsche Volk durch Verschleppung und Verzögerung möglicherweise setzen können — ich sage nicht nothwendigerweise — wird uns zwingen, darüber bald eine Gewißheit zu haben oder bald mit anderen Leuten zu reden, die uns Gewißheit geben. (Lebhaftes Bravo!)

Nach dieser glänzenden Rede sah sich der Abgeordnete Frhr. von Huene veranlaßt, die Kommission gegen einige Vorwürfe, die derselbe in den Ausführungen des Reichskanzlers gefunden, in Schutz zu nehmen. Fürst von Bismarck erhob sich sofort zu folgender Entgegnung:

(Hört! hört! — Bewegung.) — Ja, meine Herren, Sie unterschätzen die Geschäfte, die ich habe. Außerdem muß ich sagen, daß mir der Kommissionsbericht und damit die Möglichkeit, ihn kennen zu lernen, nicht früher zugegangen ist, als heute früh im Bette; da habe ich ein Konvolut von 64 gedruckten Seiten erhalten, und ich habe seitdem nicht die Möglichkeit gehabt, dasselbe durchzulesen; ich habe eine Menge anderer Nebengeschäfte, das werden Sie mir zugeben, (Heiterkeit) außerhalb meiner Reichstagsthätigkeit. Der Gedanke, die Kommission und vor allem den von mir verehrten Herrn Referenten anzugreifen, hat mir ganz außerordentlich fern gelegen.

Was der Herr Referent sonst angeführt hat, daß ich eine Kritik über die Gegner gefällt hätte, das beruht ja doch auf einzelnen Meinungsverschiedenheiten. Was ist Wehrhaftigkeit? und wann ist Wehrhaftigkeit vorhanden? Ist darüber die Kommission oder der Generalstab hier die entscheidende Behörde?

Wenn der Herr Referent uns sein Referat gemacht hätte mit einem Artikel 1 in der Tasche, der in dem Entwurf weggefallen ist, dann hätte das Ding mehr Hand und Fuß. Aber was ist denn das Referat? Es ist ja die Schuld von Niemand; es ist die Schuld der Divergenz der Ansichten, daß der Kopf, das eigentlich Entscheidende der Vorlage gar nicht hier zu unserer Entschließung kommt. Darüber kann ich aber dem Herrn Referenten und auch selbst der Kommission gar keine Vorwürfe machen; denn ich kann die Kommission von der Nothwendigkeit, heterogen zusammengesetzt zu sein, die in der Zusammensetzung des Reichstags liegt, nicht befreien. Also das ist ein Unglück, aber kein Vergehen. (Heiterkeit rechts.)

Nachdem hierauf der Abgeordnete Hobrecht die unveränderte Annahme der Regierungs=Vorlage empfohlen, nahm der Reichskanzler Fürst von Bismarck nochmals das Wort zu folgenden Ausführungen:

Ich habe in der Hauptsache noch mal um das Wort gebeten, um eine Vergessenheit wieder gut zu machen, die ich vorher bei der Reichhaltigkeit des Stoffes begangen habe. Ich habe die Fälle, in denen wir, meiner Ansicht nach, unter Umständen einen Angriff von Frankreich zu erwarten haben, nicht so vollständig klar gestellt, wie ich beabsichtigte; ich habe nur den Fall erwähnt, daß eine französische Regierung ans Ruder kommen könnte, die glaubte, uns an Rüstungen und Kraft so weit überlegen zu sein, daß sie des Sieges sicher wäre, — wenigstens dieselbe Sicherheit hätte, welche die französische Armee im Jahre 1870 hatte, als sie gegen uns

die inneren Angelegenheiten dienen sollten (sehr richtig! rechts), daß man im Innern gewissermaßen nicht mehr weiß, wo aus noch ein, daß man in der Verlegenheit ist, aus der man sich dadurch zu ziehen sucht, daß man auf seinen friedliebenden Nachbar einhaut. Es wäre das namentlich ja möglich, wenn in Frankreich eine Regierung von militärischen Neigungen ans Ruder käme. (Hört! hört! rechts.) Ich will noch gar nicht sagen: eine militärische Diktatur, aber doch eine Regierung, die sich sagte: ich weiß nicht, ob wir uns, wenn wir lediglich die inneren Fragen ansehen, hier werden halten können; wenn es uns aber gelingt, einen populären Krieg zu entzünden, so haben wir immer noch die Chance, daß wir uns halten, wenn wir siegen; werden wir geschlagen, dann ist es nicht schlimmer, als wenn wir so zur Abtretung genöthigt werden, und wir haben dann wenigstens die ganze große Tragfähigkeit des französischen Patriotismus, der auch für eine geschlagene Regierung unter Umständen Partei nimmt, und der sich entzündet, wenn Frankreich im Krieg ist. In Frankreich ist eine Redensart: dieser Regierung keinen Groschen, und wenn der Feind auf dem Kreuzberg steht! — ja absolut unmöglich. (Sehr richtig! rechts.) Da stellt sich jeder Franzose; der päpstliche Zuave und der Sozialdemokrat dienen alle unter einem Regiment sowie das Vaterland in Gefahr ist. Bei uns — ich kanns nicht finden! (Unruhe im Zentrum und links.) — Doch? glauben Sie? Ich will es abwarten.

Also diese Möglichkeit liegt doch auch vor. Wenn Napoleon III. den Feldzug 1870 gegen uns, einen großen und schweren Krieg, der ihm den Thron kostete, — in keiner Weise durch das Ausland genöthigt, unternahm, weil er glaubte, daß das seine Regierung im Inlande befestigen würde, — warum sollte dann nicht z. B. der General Boulanger, wenn er ans Ruder käme, dasselbe versuchen? (Sehr richtig! rechts.) Ich würde ihm gar nicht einmal ein Verbrechen daraus machen, ich würde ihn gar nicht einmal beschuldigen, daß er dabei persönlichen Instinkten folge; ich würde immer annehmen, was ich von jedem französischen Offizier voraussetze — und auch von jedem deutschen natürlich —, daß er glaubte, auf diese Weise seinem Vaterlande besser zu dienen, als wenn er es unterließe. Ich würde ihm persönlich einen Vorwurf nicht machen. Aber das kann uns nicht abhalten, uns auch für den Fall einzurichten, daß Frankreich uns nicht überlegen zu sein glaubt, aber doch die Chance ausnutzen will, ob eine Regierung sich nicht durch einen Krieg noch halten kann, wenn sie durch den Frieden nicht haltbar wäre. Napoleon hat das gemacht; warum sollten es seine Nachfolger nicht machen; wenn wir uns eine Militärdiktatur in Frankreich als möglich denken — und sie ist so oft dagewesen — warum sollte es nicht sein?

Nachdem ich einmal das Wort genommen habe, möchte ich dem Herrn Vorredner noch auf eine Frage erwidern, die er sich nicht angeeignet hat, aber die er doch wiederum gestellt hat: warum eigentlich das Ende des Septennats nicht abgewartet werde. Nun, es ist ja das eigentliche Septennat an sich doch mit der Augmentation, die wir haben wollen, nur eine Berechnung auf eine Zukunft, die wir möglichst fern wünschen, der gegenüber wir aber gewappnet sein müssen. Aber eins glauben wir gleich vom 1. April 1887 in Aussicht nehmen zu sollen: das ist die Verstärkung unserer Grenzbewachungen, die stärkere Besetzung der Vogesen-, Jura- und anderer Pässe und namentlich auch der Schwarzwaldpässe gegen den möglichen Einbruch über das, was wir die trouée de Belfort nennen. Diese Verstärkung schon vom 1. April d. J. ab in Wirksamkeit treten lassen, das können wir budgetmäßig nicht, wenn wir nicht Ihre Bewilligung haben; die Mittel dafür, um so viel mehr Urlauber, Dispositionsurlauber heranzuziehen, haben wir nicht. Wenn durch eine Auflösung, die dazwischen träte, die Zeit vergehen sollte, so würde die Regierung vielleicht sich genöthigt sehen, von den Möglichkeiten, die ihr das Militärgesetz bietet, momentan, weil sie fürchtet die Kriegsgefahr zu verstärken, Gebrauch zu machen, und nachher die Indemnität dafür zu fordern haben. Ich habe vorher schon gesagt, der Ausbruch des Krieges kann zehn Jahre dauern, er kann aber auch in zehn Tagen eintreten. Wenn er nun in zehn Wochen eintritt, dann müßten wir schon die 40 000 Mann zur Verfügung haben, und selbst wenn wir uns mit diesem Reichstage über das, was wir für unentbehrlich halten für die Sicherheit Deutschlands, nicht einigen sollten, würden wir doch gewisse Vorkehrungen schon treffen müssen, wenn gegen unsere Ueberzeugung das gegenwärtige friedlich gesinnte Ministerium in Frankreich früher abtreten sollte, als wir wünschen. Wir wünschen ihm eine möglichst lange Dauer, weil wir glauben, daß, so lange dies Ministerium dauert, wir Friedensstörungen nicht zu befürchten haben. Sie können mir darauf vielleicht mit einigem Recht erwidern: Wenn eine so wichtige Frage vorliegt, wo die Sicherheit des Reichs auf dem Spiele steht, dann hätte man die Bevölkerung schon früher darauf vorbereiten müssen, vielleicht schon vor zwei Jahren bei den Wahlen. Wir hatten aber immer noch die Hoffnung, daß es uns gelingen würde, die Stimmung in Frankreich zu besänftigen; nachdem wir indeß 16 Jahre lang uns vergeblich bemüht haben, die Revanche-Ideen zu beruhigen, und abgewartet haben, ob nicht endlich eine Regierung sich fände, die den Muth und die Kraft habe, den status quo, wie er ist, als einen dauernden zu acceptiren, haben wir uns schließlich doch sagen müssen, daß es love's labor lost wäre, daß unsere Liebesbemühungen ganz umsonst gewesen sind. Wir haben uns schwer dazu entschlossen, und diese ganze Aeußerung, die ich heute ausspreche, hätte ich lieber zurückgehalten; wenn sie nicht nothwendig gewesen wäre, um die Zustimmung des Reichstages zu gewinnen, so wäre es mir lieber gewesen. Ich weiß auch nicht, ob ich sie gewinnen werde. Sie hätten also vielleicht verlangen können, wir hätten früher auflösen sollen, ad hoc für diese Frage, damit die Wähler in der Lage seien, zu wissen bei den Neuwahlen: es handelt sich darum, ob die Sicherung gegen auswärtige Angriffe verstärkt werden soll, oder ob sie nur die gegenwärtige unzulängliche bleiben soll. Es ist ganz richtig, man muß für eine so wichtige Frage eigentlich vorher auflösen und die Neuwahlen ad hoc veranlassen. Wir sind überhaupt viel zu ängstlich in Bezug auf die Auflösungen. (Heiterkeit.)

In England löst man jeden Donnerstag ein Parlament auf, wenn man glaubt, mit dem Nachfolger sich leichter verständigen zu können, als mit dem gegenwärtigen. Darauf bin ich jedoch nicht gekommen. Ich rechne auf gemeinsame Arbeit, nicht auf Parteieinflüsse. Unterblieben ist die Auflösung hauptsächlich deshalb, weil wir garnicht darauf gefaßt waren, daß diese mäßigen Forderungen für die Verstärkung der Wehrkraft überhaupt auf Widerstand stoßen würden. Hätten wir das vorher mit einiger Sicherheit wissen können, so hätten wir allerdings mehr Zeit gewonnen, wenn wir uns in einer Kaiserlichen Proklamation an das Volk gewandt hätten, auf die Bedenken der militärischen Autoritäten darin aufmerksam gemacht und die Wähler klar vor die Frage gestellt hätten: wollt ihr, daß Deutschland stärker geschützt werde, als es bisher geschehen ist, oder wollt ihr es nicht? Das ist nicht geschehen. Es wird aber unzweifelhaft geschehen müssen, wenn sie uns nicht in den Stand setzen, diesen Schutz zu verwirklichen. (Bravo! rechts.)

Der Abgeordnete Dr. Windthorst konnte es sich nicht versagen, auf diese Rede des Reichskanzlers zu antworten. Er meinte, daß er und seine Freunde jeden Mann und jeden Groschen bewilligt hätten, daß er aber nach den heute gehörten politischen Ausführungen keinen Groschen bewilligt haben würde! Redner hob besonders hervor, daß er keinen Hannoveraner kenne (!), der im Falle eines Sieges der Franzosen auf die Wiederherstellung Hannovers rechne; er hoffe aber fest, daß sich das Gerechtigkeitsgefühl doch noch so weit entwickeln werde, daß Fürsten und Völker selbst die Wiederherstellung Hannovers erstreben würden. Herr Windthorst betonte schließlich, daß es im Augenblick der Gefahr keine Parteien in Deutschland geben werde, doch möge der Reichskanzler es sich auch überlegen, ob dem Reichstage nicht doch noch nach drei Jahren eine Prüfung der Angelegenheit gestattet werden könnte. Er übernehme die Verantwortung für Weiteres nicht; das deutsche Volk aber solle es wissen, daß die Opposition jeden Mann und jeden Groschen bewilligt habe!

Darauf entgegnete Fürst von Bismarck Folgendes:

Die Rede des Herrn Vorredners war in der Hauptsache eine Widerlegung der Behauptung, mit der er sie einleitete, nämlich der Behauptung, daß er viel zu bescheiden wäre, um sein militärisches Urtheil gegenüber dem des Feldmarschall Moltke ins Gewicht zu legen. Die ganze Rede hat doch eigentlich eine Tragweite nur, wenn angenommen wird, daß in militärischen

wenn die Recht haben, so ist eben die Sicherheit, die wir suchen, nur in der vollen Vorlage zu finden und nicht in dem, was die Herren uns anbieten. Den Unterschied zwischen dem Angebot und der Forderung nachzuweisen, das überlasse ich den militärischen Autoritäten, darüber bin ich nicht so kompetent.

Im Uebrigen giebt mir der Abgeordnete Windthorst doch Veranlassung zu manchen Kritiken und Verwahrungen gegen das, was er gesagt hat. Er hat gesagt, wenn gewisse Verhältnisse einträten, das heißt, wenn Hannibal ante portas sich befände, dann würde er, ich weiß nicht was thun; ja — dann würde man den Beweis liefern, daß es in Deutschland keine Parteien gebe. Es wäre mir viel lieber, wenn Sie heute schon den Beweis liefern wollten (Heiterkeit), daß es in Deutschland keine Partei giebt, sondern daß, wenn es sich um die Vertheidigung des Landes, seine Unabhängigkeit gegen das Ausland, seine Sicherheit handelt, hier Alles so einig ist wie in Frankreich und Italien, daß dann gar nicht viel gemäkelt und genörgelt, sondern einfach das, was die militärischen Autoritäten des Landes für unentbehrlich halten, bewilligt wird. Wenn dieses Maaß von Patriotismus bei uns vorhanden wäre, dann würde ich gar nicht weiter das Wort ergriffen haben.

Dann hat der Herr Abgeordnete gesagt, wir lösten auf wegen der Frage, ob das Ganze, was er zu bewilligen behauptet, auf ein Jahr oder auf drei Jahre bewilligt werde — überhaupt wegen der Zeitfrage. Das ist doch nicht ganz richtig. Wenn wir auflösen, das heißt, wenn Sie die Vorlage ablehnen, — daß wir dann auflösen, darüber habe ich doch gehofft, jedes Mißverständniß zu beseitigen durch meine erste Aeußerung (Heiterkeit), — also wenn wir auflösen, so ist es nicht wegen der Prinzipienfrage, ob das deutsche Reich durch ein kaiserliches Heer oder durch ein Parlamentsheer geschützt werden soll! (Lebhaftes Bravo rechts. Wiederholtes oho! links.) Das schreiben wir auf unsere Fahne bei der Auflösung, ob die wechselnde Majorität, die ich nur als die Majorität Windthorst—Richter—Grillenberger bezeichnen kann, — ich möchte das Uebrige, was zur Verfügung, zur vasallitischen Verfügung Windthorst steht, gar nicht weiter aufzählen — ob die alle Jahre oder alle 2 oder 3 Jahre darüber bestimmen sollen, ob Deutschland seine Armee, wie sie in der Verfassung grundrechtlich niedergelegt worden ist, behalten soll, oder ob sie reduzirt werden kann. Darüber werden wir abstimmen, darüber werden wir wählen. (Zuruf: Marine!)

Nun, meine Herrren, die Marine ist nie angefochten worden, sie hat immer ein liberales Wohlwollen für sich gehabt. Sie hat von Anfang an z. B. den Herrn Abgeordneten Rickert für sich gehabt, das ist doch schon etwas werth. (Heiterkeit rechts.)

Der Abgeordnete Rickert hat früher den General von Stosch als Chef

hat den schwersten Stoß bekommen, als wir in diesem Reichstag eine polnische Majorität gegen deutsche Interessen erlebten. (Oh! oh! links.) Es hat den schwersten Stoß bekommen durch einen Eingriff zu Gunsten der polnischen Nationalität in die Unabhängigkeit der preußischen Verwaltung. Da, meine Herren, habe ich die Hoffnung auf Sie aufgegeben; wir hätten damals auflösen sollen wegen Ihres Polonismus, dann wäre der ganze Bulgarismus nachher nicht gekommen. (Heiterkeit.) Ich bin der Sache nur deshalb nicht näher getreten, weil wir den Polonismus noch eine Zeit lang aushalten können; aber Wehrlosigkeit können wir nicht zehn Minuten aushalten. Werden wir da an die Wand gedrückt, so werden wir uns wehren mit der ganzen Entschlossenheit, die uns das Gefühl einer gerechten Sache giebt.

Der Herr Abgeordnete hat gemeint, wir verlangten durch die Auflösung, daß Männer gewählt werden sollten, die Alles unterschrieben, die Alles acceptirten, was der Reichskanzler will. Das ist ja eine Uebertreibung, die ich von dem Herrn in seinen Jahren doch kaum vermuthet hätte. (Heiterkeit rechts.) Uebertreibungen lassen sich bei jugendlichen Leuten rechtfertigen, aber so alt, wie wir Beide sind, sollten wir uns doch mit dergleichen verschonen. Es kommt uns nur darauf an, Leute gewählt zu sehen, die mit demselben Patriotismus, mit derselben Zurückstellung der Parteifragen gegenüber der Frage des Patriotismus für unsere Wehrhaftigkeit stimmen, wie das in allen anderen Ländern, mit alleiniger Ausnahme von Deutschland, der Fall ist, soweit parlamentarische Einrichtungen bestehen. (Oh! oh! links; Bravo! rechts.) Die Nörgelei des Parlaments gegenüber Forderungen der Regierung, die der Sicherheit des Landes gelten, ist nur eine echt deutsche Eigenthümlichkeit; ich weiß nicht, ob ich ihr verfallen würde, wenn ich Abgeordneter wäre; ich glaube nicht. Sie sind damit überhaupt auf einen falschen Strang gerathen; ich rathe Ihnen, bremsen Sie so früh wie möglich. Die politischen Wege sind nicht so, wie wenn man sich auf freiem Felde zu Fuß begegnet. Da ist das Ausweichen unter Umständen nicht mehr möglich, und namentlich nicht mehr möglich, wo es sich um unsere Sicherheit handelt.

Der Herr Abgeordnete hätte gewünscht, daß die deutsche Politik ganz und voll mit Oesterreich ginge; er hat das nachher nach der Richtung noch erläutert, daß wir uns um die orientalische Frage mehr interessiren sollten, als wir bisher gethan haben. Meine Herren, unsere Beziehungen zu Oesterreich beruhen auf dem Bewußtsein eines jeden von uns, daß die volle großmächtliche Existenz des anderen eine Nothwendigkeit für den einen ist, ein Interesse des europäischen Gleichgewichts; aber sie beruhen nicht auf der

esse in Bezug auf Oesterreich; aber wir können uns nicht unsere Sonderinteressen gegenseitig aneignen. Wir haben von Oesterreich niemals verlangt und haben auch keinen Anspruch darauf, daß es sich in unsere Händel mit Frankreich mische. Wenn wir Schwierigkeiten haben mit England in Kolonialfragen, oder wenn wir mit Spanien über Lumpereien wie die Karolinen in Händel kommen (Heiterkeit), — haben wir nie an Oesterreich einen Anspruch gemacht auf Grund unseres freundschaftlichen Verhältnisses. Soweit es sich um unsere beiderseitige Existenz als volle, freie und mächtige Großstaaten handelt, soweit vertreten wir gegenseitige Interessen Aber was Oesterreich in Konstantinopel für Interessen hat, das wird Oesterreich allein zu beurtheilen haben; wir haben dort keine, — ich wiederhole das. Wenn der Herr Abgeordnete Windthorst einmal mein Nachfolger sein wird, dann wird er ja entscheiden können, daß wir in Konstantinopel Interessen haben, die uns unter Umständen einen so schweren Krieg wie den mit unserem zweihundertmeiligen Grenznachbar, Rußland, ertragen lassen können; wir hätten nachher doch dafür die Genugthuung, daß am Bosporus das Regime herrschte, das wir gewollt und gewünscht haben; dafür können wir schon ein paar hunderttausend Menschen und ein paar Milliarden opfern! Denn, glauben Sie doch nicht, daß, wenn man solche Politik einmal falsch instradirt, man auf jeder Station umkehren kann; das ist nicht möglich. Wenn wir einmal das gegenseitige Mißtrauen erwecken, dann geht es auch, wenn keiner von Beiden sich blamiren will, unaufhaltsam vorwärts. Die Politik zweier Großstaaten nebeneinander kann man vergleichen mit der Lage zweier Reisender, die einander nicht kennen, in einem wüsten Walde, von denen keiner dem Andern vollständig traut; wenn der Eine die Hand in die Tasche steckt, dann spannt der Andere schon seinen Revolver, und wenn er den Hahn des Ersten knacken hört, feuert er schon. So ist es bei Mächten, von denen jede Einfluß auf die Entscheidungen der andern hat; da muß man das erste Mißtrauen und die erste Verstimmung der andern sehr sorgfältig vermeiden, wenn man die Freundschaft bewahren will. Das Alles wird der Herr Vorredner besser wissen als ich, wie ich überhaupt bedauere, daß er den Platz, den ich einnehme, nicht einnimmt; aber ich kann gegen den Willen des Kaisers nicht aufkommen.

Der Herr Abgeordnete hat ferner gesagt, was wir denn zu befürchten hätten, wenn Rußland unser Verbündeter sei. Ich weiß nicht, woher er weiß, daß Rußland unser Verbündeter ist. Wenn er geheime Nachrichten aus Petersburg hat, daß Rußland mit uns ein Bündniß gegen Frankreich abschließen will, so würde ich ihm dankbar sein, wenn er mir das mittheilen wollte; das wäre patriotischer, als hier in die Oeffentlichkeit solche Nach-

haben aber auf kein Bündniß zu rechnen, wenn wir mit Frankreich kämpfen. Das ist also eine irrthümliche Nachricht, zu deren zeitiger Widerrufung ich durchaus genöthigt bin.

Der Herr Abgeordnete hat ferner gesagt, das Verhältniß zu Frankreich sei 1881 schon dasselbe gewesen. Nun, meine Herren, das will ich politisch nicht bestreiten — wir haben immer friedliche Ministerien gehabt, — aber militärisch ist die Sache doch ganz anders. Die französische Armee war 1881 nicht so schlagfertig und nicht so stark, wie heute; sie war es noch weniger 1874. Wir sind auch nicht die Leute, die gleich auf den ersten Eindruck, daß die Franzosen ein paar Bataillone mehr einziehen, nun an den Reichstag gehen und sagen: Der bedroht uns, wir verlangen mehr, sondern wir warten unsere Zeit ab. Wir haben in den letzten sechszehn Jahren — 1875 entstand ein ganz falscher Kriegslärm, das Ergebniß einer künstlich aufgebauschten Intrigue — nie die Absicht gehabt, Frankreich anzugreifen, in den ganzen 16 Jahren auch nicht einen Augenblick; es ist eine elende Lüge gewesen, bei der fremde Intriguanten thätig waren, daß wir jemals die Absicht gehabt hätten. Aber die französische Armee ist doch seit der Zeit eine ganz andere geworden. Das ist wieder eine Frage, in der es darauf ankommt, zu entscheiden, ob in dem Urtheil über die Leistungsfähigkeit der französischen Armee der Graf von Moltke oder Herr Windthorst der Kompetentere sei, und eine Widerlegung des Einleitungssatzes des Abgeordneten Windthorst, daß er sich mit dem Grafen von Moltke nicht in Parallele stellen wolle.

Herr Windthorst hat an einer anderen Stelle gesagt und wiederholt, er glaube, daß wir Frankreich nicht nur gewachsen, sondern auch überlegen seien. Ich wiederhole, der Herr Abgeordnete wird doch nicht in die Rolle eines miles gloriosus verfallen wollen, und mit dem sicheren Siege über Frankreich hier in diesen Räumen prahlen. Wenn so gewiegte Strategen, wie in den Regierungskreisen vorhanden sind, dem widersprechen und sagen, es ist nicht unzweifelhaft, dann würde ich doch an Stelle des Abgeordneten, falls er wirklich glaubt, daß der Graf von Moltke diese militärischen Sachen besser versteht, auf dies Thema nicht mehr zurückkommen.

Also daß das Verhältniß zu Frankreich militärisch nicht mehr dasselbe ist, das überlasse ich unseren militärischen Autoritäten zu beweisen. Den Angriff Frankreichs, muß ich sagen, ermuthigen diese Verhandlungen schon. Welche materielle Macht hinter den Abgeordneten Windthorst und Richter steht, inwieweit das unsere Aktionen lähmt, darüber hat ein Franzose, namentlich in der Provinz, ein sehr unvollständiges Urtheil, und die Möglichkeit, daß der Krieg entsteht, weil man uns unterschätzt, ist durch die Ver-

ausbrechenden Krieges zu. (Bravo! rechts, Unruhe links und im Centrum.)

Der Herr Abgeordnete hat ferner — er hat die finanzielle Frage nur leicht gestreift — Bezug genommen auf die schwere Lage, in der wir uns doch besonders hüten sollten. Zu deren Beleuchtung habe ich ein kleines Material hier mit; das ist eine Statistik über die Situation der Sparkassen in Preußen und über die Steigerung der Einlagen in den Sparkassen seit 1878, also seit die jetzige Gesetzgebung über den Schutz der inländischen Arbeit in Geltung ist. Ich erlaube mir Ihnen darüber einige Mittheilungen zu machen, die Ihnen die Ueberzeugung geben werden, daß es so ganz schlecht mit dem Fortgang unserer Wohlhabenheit doch nicht bestellt ist. Nur die weniger Begüterten legen ihre Ersparnisse in den Sparkassen an, der Reichere legt sie in Papieren an und möglichst in den fremdartigsten, vom Orient oder von Amerika, mancher auch in deutschen Konsols; bei der Sparkasse ist er nicht betheiligt. Etwa 1200 Millionen Rubel sind bei uns in den letzten Jahrzehnten in russischen Papieren investirt worden, diese und die Summen, die in unzähligen Papieren, inländischen und ausländischen — ich will keine nennen, um Niemanden zu ärgern — angelegt sind, sind ja sehr viel größer, als alle die Summen, die in den Sparkassen sich befinden. In die Sparkassen legt im Allgemeinen nur der Arbeiter und der bäuerliche Besitzer, der Handwerker ein. Wenn Sie mir gestatten, Ihnen zu sagen, wie diese Einlagen seit 1878 sich gesteigert haben, so werden Sie zugeben, daß ein Rückschritt und ein sehr brennender Nothstand nicht vorhanden ist. Im Jahre 1878 betrugen die gesammten Einlagen in den Sparkassen 1385 Millionen Mark im preußischen Staate. Wenn ich annehme, daß der preußische Staat sich zum Deutschen Reich verhält, wie 3 : 5 — ich weiß im Augenblick das Verhältniß nicht genau —, so können Sie sich die Verhältnißzahlen, wie sie für das Deutsche Reich gelten, ungefähr ausrechnen; denn im Ganzen sind die Provinzen des preußischen Staates nicht unbedingt die wohlhabendsten im Deutschen Reiche. Also die Einlagen betrugen zur Zeit, wie wir die jetzige Gesetzgebung über den Schutz der deutschen Arbeit einführten, 1385 Millionen. Die Gesammteinlagen betragen heute 2261 Millionen Mark in runder Summe, sie haben sich also seit der Zeit von 1878 gesteigert um 975 Millionen. Pro Kopf, jeden Säugling eingeschlossen, kamen an Sparkasseneinlagen im Jahre — bis dahin läuft meine Berechnung — in runder Summe 80 ℳ. Das macht also, wenn man eine Familie durchschnittlich aus vier oder fünf Mitgliedern bestehen läßt, ca. 400 ℳ. auf jede Familie; die hat sie zurückgelegt in der Zeit von sieben Jahren, von 1878 bis 1885. Ich will daran weiter keine Bemerkung knüpfen als die Behauptung, daß die Angabe des Herrn Abgeordneten Windthorst

durch ungeschickte Gesetzgebung der Regierung einer immer fortschreitenden Verarmung entgegengeführt werde? Das ist eine Entstellung, eine dreiste Lüge, sie wird durch diese ziffermäßigen Angaben auf das Klarste entkräftet.

Der Herr Abgeordnete hat ferner sich gewundert, warum wir an den sieben Jahren festhalten. Ja, ich habe ganz klar gesagt: wir wollen keine Häufung der Krisen. Es wäre vielleicht noch nützlicher, wenn wir einen längeren Termin gewählt hätten. (Zuruf: Aeternat.) Auf ein Aeternat würde ich nie eingegangen sein, weil das Aeternat dem Kaiser in seinem Einflusse auf die Armee eine viel zu starre Grenze setzt. — Es wird die Armee wahrscheinlich, so lange die anderen Mächte fortschreiten, fortschreiten müssen, die Bevölkerung schreitet ja auch fort. Wir haben einen längeren Termin nicht gewollt aus Achtung vor der Bestimmung der Verfassung in Artikel 60, der einen Einfluß, wie der Herr Abgeordnete sich ausdrückt, des Reichstags auf diese Angelegenheiten wünscht; nur darf der Einfluß nicht darin bestehen, wie er sagte, auf Reduktionen zu drängen. Er sagte, sie würden auf Reduktionen nur drängen, wenn ein Mehr nicht nöthig wäre. Aber das ist ja eine petitio principii, denn das Urtheil, ob ein Mehr nöthig ist, legen Sie ja dem Dränger bei. Sie wollen uns also, wenn Sie glauben, ungeachtet der gegentheiligen Ueberzeugung der Regierung, daß weniger nöthig sei, zwingen, die Armee zu reduziren! Dazu werden sich die Regierungen, denen die Sicherheit des Vaterlandes zu sehr am Herzen liegt, niemals hergeben! Sie werden sich niemals von Ihnen reduziren lassen.

Das Septennat also halten wir fest, um den Anlaß zu Krisen nicht zu häufen. Ich sagte vorher: Sind Sie, meine Herren, denn so lüstern nach Krisen, wollen Sie diese alle Jahre haben — nun, so lange ich lebe, kommen Sie heran! — Sie werden einen Fels im Meere finden bei allen Ihren Krisen!

Der Herr Abgeordnete hat ferner gesagt, es sei eine unberechtigte Andeutung, die ich gemacht hätte in Bezug auf die Wichtigkeit der gesetzmäßigen Herstellung des welfischen Königreiches. Es ist hier in diesen Räumen gesagt: eine Wiederherstellung des Welfenreiches ist nur auf gesetzmäßigem Wege zu erstreben. Ein anderes Mittel, das gesetzmäßig zu erreichen, als das von mir angedeutete, sehe ich aber kaum, und daß Herr Windthorst den Gedanken daran so weit von sich weist, es als eine Art Beleidigung betrachtet, wenn man sagt, dabei werde auf französischen Beistand gerechnet, so steht doch die Erinnerung entgegen, die uns allen lebendig sein wird, die Erinnerung an die welfische Legion innerhalb Frankreichs. Die hat ja, wie ich glaube, Jahr und Tag dort garnisonirt, wartend auf den Moment, wo Napoleon auf Deutschland losschlagen würde, um in

(Hört, hört! rechts.) Also seien Sie nicht so empfindlich. Es ist Ihnen nicht angenehm, aber die Leute leben noch meist Alle, die das Alles mitgemacht haben. Haben die ihre Gesinnungen seitdem vollständig geändert? Ein Zeugniß haben sie uns gegenüber noch nicht abgelegt; wir sehen sie uns gegenüber in derselben Zurückhaltung, sie folgen dem Führer der Opposition, dem Abgeordneten Windthorst, in allen seinen Angriffen auf die Reichsregierung, zu keinem anderen Zwecke, als um uns die Existenz sauer zu machen; unmöglich können sie doch dabei eine andere Absicht haben.

Ich glaube, ich kam schon darauf, daß der Abgeordnete wiederholt die französische Armee unterschätzt und geglaubt hat, er könne sie leicht schlagen; ich möchte vor dieser Unterschätzung doch außerordentlich warnen. Es zeigt die volle Unerfahrenheit des Civilisten in militärischen Dingen, wenn man glaubt, daß die französische Armee ein Gegner sei, über den man so leicht zur Tagesordnung übergehen könnte mit ein paar Redensarten. Ich habe schon vorhin gesagt, wenn Worte Soldaten wären — in der Beredtsamkeit ist der Herr Vorredner jedem Franzosen überlegen; aber in Beziehung auf militärische Leistungsfähigkeit glaube ich es nicht. Ich habe in Frankreich gelebt und kenne die Franzosen ziemlich genau; ich wünsche nur, daß wir ihnen so ebenbürtig bleiben. In manchen Beziehungen sind wir überlegen, in der Zahl sind sie uns aber überlegen. Sie unterschätzen ihre militärische Qualifikation. Aber der Abgeordnete Windthorst glaubt ja auch hier den Leuten, die gegen die Franzosen gefochten haben, überlegen zu sein in seinem Urtheil.

Er hat ferner damit begonnen, daß er sagte: Endlich sind uns Mittheilungen gemacht. Nun, wo hätte ich die Mittheilungen machen sollen? Der ersten Berathung beizuwohnen, wenn noch zwei bevorstehen, ist mit meinem Alter und Gesundheitszustand nicht immer verträglich. Auf Verhandlungen in der Kommission aber in wichtigen Fragen mich einzulassen, halte ich für taktisch nicht angezeigt. Die Kommission ist ja doch nur die Marterkammer für die Regierungskommissarien, in der versucht wird, was man ihnen abpressen kann, ohne sich seinerseits zu irgend etwas zu verpflichten. Die Kommission ist garnicht im Stande, ein zweiseitiges Geschäft abzuschließen mit den Vertretern der Regierung, und dazu bin ich ein zu alter Diplomat, um mit Jemandem, der keine Vollmacht hat, mich in Verhandlungen einzulassen; Alles, was ich gesagt habe, steht bombenfest. Aber Alles, was die Herren in der Kommission sagen, die Versicherungen, die sie geben über die Geneigtheit, jeden Pfennig und jeden Mann zu bewilligen, können mir nachher gar nichts mehr helfen, das verschwindet Alles im Plenum, und daran ist Niemand gebunden. Darum ist die Kommission ein

Handel versucht, Jemanden, dessen Aeußerungen zu nichts verpflichten, auf den Leib schicken, um von uns herauszupressen, was Sie irgend herauspressen können, und dann nachher sagen: Alles, was wir gesagt haben, gilt nichts mehr, wir schließen uns dieser oder jener Aeußerung an. Ihre Geschäfts=ordnung erlaubt Ihnen das, aber Ihre Geschäftsordnung hat für uns gar keine Verbindlichkeit, wenigstens glaube ich durch mein früheres Verhalten auch schon gezeigt zu haben, daß ich mich in ernsten Fragen auf Kommissions=verhandlungen nicht einlasse. Ich habe in der Kolonialfrage einmal eine Ausnahme gemacht: „exceptio firmat regulam." In der Kommission, wo sich ein bündiges Abkommen in keiner Weise erreichen läßt, erscheine ich nicht. Ich bin zu alt und zu matt, um dort meine Kräfte nutzlos zu vergeuden. (Lebhaftes Bravo rechts.)

Das Haus hatte dieser Rede des Reichskanzlers, wie den vorher=gehenden mit großer Spannung gelauscht und vertagte sich nach derselben.

Der Abgeordnete Dr. Windthorst bemerkte noch persönlich, daß er auf die Angelegenheit des Königreiches Hannover, die hier angeregt sei, im Laufe der Debatte noch zurückkommen werde.

Am Mittwoch den 12. Januar 1887 setzte der Reichstag die Debatte über die Militär=Vorlage fort.

Nachdem der deutsch=konservative Abgeordnete von Hellborff=Bebra zunächst das Wort erhalten hatte und in warmer, patriotischer Rede für die Annahme der Regierungs=Vorlage eingetreten war, suchte der sozialdemokratische Abgeordnete Hasenclever in bekannter Weise den Reichskanzler zu verunglimpfen. Er meinte u. A., daß der Franzose Deroulède an ihm seinen Meister gefunden habe, und daß kein Par=lament der Welt einen Mann, der es so, wie der Reichskanzler den Deutschen Reichstag, behandle, noch länger auf seinem Posten dulden werde. Für diese Aeußerung ertheilte der Vice=Präsident Frhr. von und zu Franckenstein dem Redner den wohlverdienten Ord=nungsruf. Unter wiederholter Heiterkeit stellte Herr Hasenclever die seltsamsten Behauptungen auf und verstieg sich zu dem Schlusse, daß die Vorlage nur das Sturmbrett der Reaktion zur Unterdrückung des Volkes sein solle und daß Jeder, der Mannesmuth besitze, deshalb gegen dieselbe stimmen müsse! Der preußische Kriegsminister Bronsart von Schellendorff hob in seiner hierauf folgenden längeren Rede hervor, daß er auf die Aeußerungen des Vorredners nicht eingehen werde. Er beschäftigte sich auch in der Hauptsache nur mit den Ausführungen der Abgeordneten von Stauffenberg und Windthorst und war in

angeblich stets gemachten Vorwürfe und kam auf die Angelegenheit des ehemaligen Königreiches Hannover zurück. Hierbei behauptete er, daß der verstorbene König von Hannover wiederholt in Nikolsburg und in Berlin um Verhandlungen zum Frieden gebeten habe, aber „schnöde" zurückgewiesen worden sei. Der Präsident von Wedell=Piesdorf rief den Redner wegen des Ausdruckes „schnöde", der sich nur auf die damalige preußische Regierung beziehen konnte, zur Ordnung. Redner erging sich sodann in versteckten Angriffen gegen den Reichskanzler und meinte, es habe Staatsmänner gegeben, welche kein Bedenken hatten, mit Mächten zu verhandeln, zu deren wesentlichsten Soldaten Garibaldi gehörte, und aus ungarischen Soldaten, die gefangen waren, Truppen zu bilden zur Bekämpfung ihres Landesherrn. Solche Herren hätten kein Recht, Anderen solche Vorwürfe zu machen, wie sie gemacht seien. Redner berührte die seitens des Centrums dem Reichskanzler gewährte Unterstützung seiner Wirthschaftspolitik und bezog sich auf das 10. Armeekorps, welches wesentlich aus Hannoveranern bestehe und welches, wie kein anderes, sich im Kriege hervorgethan habe. Redner erwähnte dann weiter der glorreichen Thaten des Welfengeschlechts und erklärte, daß er seinem angestammten Königshause treu bleiben werde, soweit das seine neue Unterthanenpflicht gestatte. Er verwahrte sich ferner dagegen, klüger sein zu wollen als der Graf von Moltke und kam im weiteren Verlaufe seiner Rede zu der Erklärung, daß er allerdings auch Gelegenheit gehabt habe, manches Gute zu wirken, wozu er nicht zuletzt rechne, wenn er manchmal nicht ohne Erfolg Plänen des Reichskanzlers, die er nicht für zutreffend gehalten, habe entgegentreten können. Der Reichskanzler habe gestern auch von der kaiserlichen und der Parlamentsarmee gesprochen. Eine kaiserliche Armee hätten wir überhaupt nicht. Wir hätten eine Reichsarmee und die militärische Hoheit über das Reichsheer sei getheilt zwischen Sr. Majestät dem Kaiser und den einzelnen Kontingentherren. Redner wiederholte zum Schlusse, daß er und seine Freunde Alles was nöthig sei bewilligten und keinen Mann und keinen Groschen abzögen. Sollte nach drei Jahren eine Neubewilligung nöthig sein, so würden sie auch dann für das Vaterland alles Nöthige hergeben.

Der Reichskanzler Fürst von Bismarck antwortete auf diese Rede, wie folgt:

Der Herr Vorredner sagt: Ich bewillige jeden Mann und jeden Groschen auf 3 Jahre; dann werden wir wieder zusammenkommen und sehen, ob das noch nöthig ist, und wenn wir, die Abgeordneten, finden, daß es nicht mehr nöthig sei, so werden wir, wie er in seiner gestrigen Rede sagte, darauf drin=

des Konsortium, welches die oppositionellen Parteien gegen die Regierungen im Reichstage bilden, setzt sich doch aus den heterogensten Elementen zusammen und kann sehr leicht durch den Abfall von einem dieser Elemente vollständig erschüttert und verkehrt werden. Wenn z. B. auch nur die 25 Sozialdemokraten unter der Führung des Redners, den wir heute hörten, zu einer andern Seite übergingen oder sich lossagten von dieser jetzigen Majorität, wenn die z. B. gouvernemental würden, so würde das einen Unterschied von 50 Stimmen machen, da auf der einen Seite 25 abzuziehen, auf der andern 25 zuzurechnen wären. Wenn auch nur die Polen und Protestler, Leute aus dem Elsaß, dasselbe Manöver machen, so leidet die Majorität auch schon Schaden. Ich will von den Welfen gar nicht reden, die ja aber finden könnten, daß es des Kulturkampfes genug wäre, und daß sie sich mal mit ihren eigenen Angelegenheiten ohne die Leitung des Herrn Abgeordneten Windthorst beschäftigen wollten. Noch größer wäre die Bresche in diese Majorität, wenn beispielsweise die fortschrittliche Satrapie dem zentralen Sultanat den Gehorsam aufkündigte. Die Majorität besteht ja nur auf dieser ganz eigenthümlichen Verschmelzung der heterogensten und untereinander widerspruchsvollsten Elemente, die zufällig in der Negation und in der Abneigung gegen die Persönlichkeiten der jetzigen Regierung einig sind; une haine commune vous unit; sobald dies aufhört, sobald sie irgend etwas Positives schaffen sollen, so sind Sie ja vollständig uneinig, so sind Sie ja keine Majorität. Sie können gar nicht wissen, wie diese Majorität nach drei Jahren sein wird, und auf diese geben Sie uns eine Inblanko-Anweisung! Auf die Majorität, die dann vorhanden sein wird, sollen wir das Vertrauen haben, welches nothwendig ist, um in ihre Hände, in die Hände dieser Majorität, die Verfügung zu legen über das Palladium des Reiches, wie der Herr Abgeordnete selbst am Schlusse seiner Rede sehr würdig und richtig sagt! Ohne die Armee ist das Reich, ist die Ordnung nicht denkbar, ohne diese Grundlage des Rechtsschutzes würde die ganze Verfassung nicht zu Stande gekommen sein, wie ich gestern schon gesagt habe; der Schutz des Bundes ist unsere erste Aufgabe. Auf eine solche Majorität will uns der Herr Vorredner die Anweisung geben, daß wir auf sie Vertrauen haben sollen, und daß wir uns dem aussetzen sollen, daß sie nach drei Jahren schon wieder drängt?

Meine Herren, vielleicht ist die Majorität nach sieben Jahren ebenso wenig berechenbar; aber weil gerade jedesmal eine schwere Krisis damit verbunden ist, weil es eine unsichere Rechnung ist, weil dem Art. 60 der Verfassung Genüge geschehen muß mit irgend einem Termin, und weil wir das

die Verhandlungen stattgefunden, sowohl mit den Ministern, wie mit Sr Majestät dem Kaiser, den Abgeordneten, die zu mir kamen — es war namentlich der Herr Abgeordnete Miquel, der die Verhandlungen mit mir geführt hat. Wir haben 7 Jahre vorgeschlagen, wir hätten ebenso gut 10 oder 11 Jahre vorschlagen können, oder, wie die Dienstpflicht im Heere es mit sich bringt, 12 Jahre. Ich hatte mich zu entschließen, ich war der Einzige, dem im leibenden Zustande die Verantwortlichkeit dafür oblag, ob damals auf eine solche Frage hin aufgelöst werden sollte oder nicht, und im Interesse des Friedens bin ich auf die sieben Jahre, wie sie mir gebracht waren, eingegangen; aber doch nicht in der Absicht, diese Konzession immer wieder als die Basis zu einer neuen Forderung gelten zu lassen. Dann können wir nicht wieder zu Kompromissen kommen. Im Interesse der Kompromisse halte ich an den 7 Jahren unbedingt fest. Wir haben sie, zwei siebenjährige Perioden, gehabt, wir sind bereit, diese siebenjährige Periode weiter zu geben, aber auf eine kürzere nicht einzugehen, wie ich das schon gesagt habe.

Der Herr Vorredner ist seiner Sache mit den künftigen Majoritäten sicherer, als ich glaube, daß er sein könnte. Die Verhältnisse sind weder bei uns, noch in England, noch in Frankreich so, daß bei der Zerfahrenheit der Parteien irgend jemand auf eine feste und klare Majorität in der Zukunft rechnen könnte. Hätten wir bei uns zwei große Parteien, wie es früher in England Whigs und Tories waren, und zwei Parteien, deren jede doch immer den Fall im Auge hatte, wenn sie in der Opposition lebte, daß sie auch mal wieder regieren könnte, — die waren vollkommen vertrauenswürdig eine für die andere. Mit unseren, ich weiß nicht 9 oder 10 Parteien, aus denen sich das Konsortium der Majorität künstlich aufbaut, ist gar kein Bund und Rechnung auf die Zukunft möglich. Die lange Dauer des Kulturkampfs hat im Centrum zufällig Elemente von heterogener politischer Richtung lange Zeit vereinigt. Sind Sie gewiß, daß auch nur das Centrum fortbauern wird, wenn der Kulturkampf vollständig beseitigt ist? Der Herr Abgeordnete Dr. Windthorst ist vielleicht der Meinung, daß man, um das Band der Partei, an deren Spitze er steht, zu erhalten, auch etwas Kulturkampf im Feuer behalten muß. (Zuruf des Abgeordneten Dr. Windthorst: Nein! Nein!) Er hat uns auch schon den Kampf wegen der Schule angekündigt, der an Heftigkeit und Bedeutung den bisherigen weit hinter sich lassen würde.

Nun dieses Band, was Sie bisher vereinigt hat, — sind Sie darüber ganz zweifellos, daß das halten wird? Der Herr Abgeordnete ist bei den Neuwahlen der Wiederwahl aller bisherigen Fraktionsgenossen sehr sicher. Ich möchte nur auf eine der wichtigsten Provinzen seines Reiches in der Wahl verweisen, das ist Bayern.

Der bayerische Wähler ist in seiner großen Mehrheit monarchisch und

für Sie wählen. Wenn er aber zweifelhaft darüber werden sollte, ob die Dynastie, ob der König, ob der römische Stuhl ferner diese Opposition billigt, — ich weiß nicht, ob darüber Zweifel sein können, aber wenn sie entstehen — sind Sie dann Ihrer Wähler ebenso sicher, wie Sie es waren? — Ich wundere mich, von dem Herrn Abgeordneten Dr. Windthorst das sonst so bereite Ja nicht zu hören. (Heiterkeit.)

Aehnliche Irrungen in der Berechnung können doch auch noch anderswo vorliegen. Wir können die Wahl ja nicht voraussehen. Auf die Haltung der Regierungen können die Wahlen ja keinen Einfluß haben; die Regierungen haben ihre Ueberzeugung festgelegt, nicht nach dem Wunsch des Reichstages oder nach dem Ausfall der Wahlen, sondern ausschließlich nach ihrem Pflichtgefühl, nach ihrer Verantwortlichkeit für die Sicherheit des deutschen Volkes und für seine Unabhängigkeit und die Integrität unseres Landes. Diese Erwägungen werden dieselben bleiben, auch wenn genau derselbe Reichstag, mit derselben Majorität, wieder vor uns steht. Durch ein nochmaliges Urtheil des Reichstages kann die Verpflichtung der Regierung, ihrerseits als dauerndes und nicht wechselndes Element für die dauernde, fundamentale Institution unserer Verfassung, das Heer, zu sorgen, nicht erledigt werden: — die Verpflichtung bleibt auf den Regierungen lasten.

Keine Verfassung kann ohne Kompromiß existiren. Wenn Sie vom Kompromiß abgehen, wie wir denselben Ihnen wiederum anbieten, so schaffen Sie eine Situation, die immer von Neuem auf den Konflikt mit Nothwendigkeit hindrängt. Sie verlangen wegen des Ausfalles der Wahlen, wenn dieser nach Ihren Wünschen ausfiele, daß die Regierungen ihre Ueberzeugungen ändern und dann sagen sollen: alles das, was wir vor einigen Monaten behauptet haben, — wir geben zu, daß es Irrthum ist; oder daß wir sagen: wir geben es nicht zu, wir halten es für die volle Wahrheit, wir sind nach wie vor bedroht; aber aus Feigheit vor dem neugewählten Reichstage thun wir unsere Pflicht nicht und wollen das deutsche Volk minder wehrhaft sein lassen, als es sein kann, — das können Sie von den Regierungen nicht, und namentlich nicht von so starken monarchischen Regierungen, wie sie im Bundesrathe sitzen, erwarten. Ich wiederhole, was ich gestern sagte: Sie kompromittiren sich ganz unnütz für ein Spiel, in dem der Trick für Sie gar nicht in den Karten steckt, wo gar nichts zu gewinnen ist.

Der Abgeordnete Windthorst hat vorhin, um den Mangel an zutreffender Schärfe in seiner Deduktion auszugleichen, mit sehr gehobenem Tone seinen Entschluß kundgegeben, für die Verfassung und für die Völkerrechte einzutreten. Ja, meine Herren, das sind gerade wir, die hier für die Verfassung und für die Völkerrechte eintreten; die Verfassung ist auf unserer

— trotz des gehobenen Tones blieb sie erkennbar — zu verdecken, plötzlich die preußische Verfassung herangezogen, und die Thatsache, daß die beschworen wäre. Ja, die wird bestehen bleiben; auch die deutsche Verfassung wird bestehen bleiben. (Bravo! rechts.) Das sind ja eben Sie, die dagegen ankämpfen, gegen die verfassungsmäßige Institution einer kaiserlichen und dauernden Armee; Sie wollen sie zu einer Parlamentsarmee machen. Ich nenne eine Parlamentsarmee eine solche, deren Bestand von der wechselnden Majorität des Parlaments abhängig ist. Das hat die Verfassung nicht gewollt. Hätten wir das, als die Verfassung gemacht wurde, gewußt, daß wir je einem Reichstag mit einer solchen Majorität uns gegenüber befinden würden, oder daß diese Forderung jemals aufgestellt werden würde von einem Reichstag, dessen Majorität für die polnischen Interessen gegen die deutschen gestimmt hat, — hätten wir das voraussehen können, dann hätten wir dem Reichstag nicht, als wir die Verfassung machten, — ich habe den ersten Entwurf gemacht — solche Rechte, wie wir ihm gegeben haben, bewilligt, weil wir gefürchtet hätten, das Vaterland in Gefahr zu bringen. Wir haben auf eine ganz andere Haltung des Reichstages gerechnet, auf eine ganz andere Wirkung der Institution und der erhebenden, begeisternden Thatsache, daß die deutsche Nation nach Jahrhunderten des Leidens endlich einmal einig ist, sicher in ihrer politischen Existenz, sicher in ihrer Unabhängigkeit gegen das Ausland, sicher, in Gemeinschaft mit den Vertretern des ganzen deutschen Volkes, ihre eigenen Angelegenheiten berathen zu können; wir haben geglaubt, daß das so erhebend wirken werde auf Leute, die die Entbehrung von allen diesen Dingen auf sich haben lasten gefühlt, daß wir zu solchen elenden Streitigkeiten, wie sie hier vorliegen, nie gelangen würden. (Lebhaftes Bravo rechts.) Darin haben wir uns geirrt! Auch das Volk hat sich geirrt, wenn es Sie hierher geschickt hat, um die Rolle zu spielen, die Sie jetzt spielen. (Bravo! rechts; Zischen im Centrum und links.)

Also die Verfassung, ich wiederhole es, ist auf unserer Seite; das Volksrecht, der Volksschutz ist auf unserer Seite. Wir wollen das Volk schützen, wir wollen den Frieden schützen; Sie wollen es darauf ankommen lassen. Sie sagen: J wo, vielleicht wird es doch nicht Krieg, und wenn es Krieg giebt, so werden wir siegen, ganz gewiß siegen; — das hat der Herr Vorredner gesagt; dabei spielt er doch immer wieder den Civil-Moltke, das ist doch nicht zu leugnen. (Große Heiterkeit.)

Der Herr Vorredner hat mich kritisirt, weil ich die Armee eine kaiserliche nannte, und gesagt, eine kaiserliche hätten wir gar nicht. Nun, die Anfecht-

preußische, königlich bayrische, königlich württembergische, königlich sächsische Armee, die vereinigt sind zu einem Reichsheer—? Das würde ja Ihre Zeit unendlich ermüden. Mit diesen kleinen Erinnerungen gegen sprachliche Ausdrücke bringen wir wirklich die Sache nicht vorwärts, mögen Sie die Armee kaiserliche nennen oder wie, — ich hätte sie monarchische nennen können; aber das hat auch wieder sein Bedenken — wir haben Republiken in Deutschland, die Hansestädte, und außerdem macht das so den Eindruck, als ob ich die Armee als rein im Dienst der Monarchie gegen die Demokratie oder gegen sonst Jemand gedacht hätte —, kurz, ich bleibe dabei — der Herr Abgeordnete möge es mir nicht übel nehmen — ich werde auch ferner den Ausdruck kaiserliches Kriegsheer und kaiserliche Armee gebrauchen; ich werde Niemand damit zu nahe treten und ich glaube, ich habe erläutert, was ich damit meine. Es ist eine sprachliche Kürze. Wir reden ohnehin beide vielleicht mehr, als nothwendig ist. Lassen Sie uns also doch wenigstens den Vortheil, die Sache etwas abzukürzen. Außerdem wird die Armee doch unter gewissen Umständen eine rein kaiserliche; einmal sobald Krieg ist, dann namentlich, sobald von Präsenzziffer die Rede ist. Nach Art. 63, viertes Alinea, hat der Kaiser die Verpflichtung — ich habe das schon gestern gesagt — hat der Kaiser den Präsenzstand zu bestimmen, den Präsenzstand der Kontingente des Reichsheeres. Nun, das ist doch eine kaiserliche Funktion, die in Bezug auf das ganze deutsche Heer geübt wird. Dem Herrn Abgeordneten ist es vielleicht entfallen, daß das in der Verfassung steht. Es ist überhaupt eine fleißigere Lektüre der Verfassung zu empfehlen — er hat neulich gesagt, er könne nicht mehr lesen; aber wenn er sich die Verfassung öfter vorlesen ließe (Heiterkeit), dann würde er auf den Gedanken nie kommen, daß die Verfassung auf seiner Seite sei.

Der Herr Vorredner und auch andre Redner haben erwähnt, die Marine passire doch in jedem Jahre ganz ruhig die Scylla und Charybdis der Bewilligung. Ich habe schon gesagt: das ist erfreulich. Ich möchte aber doch auch sagen, wie der französische Dachdecker: cela va bien, pourvu que cela dure. Wenn Sie auf den Gedanken kommen sollten, uns Schiffe auf ein Jahr oder drei Jahre zu bewilligen, die nachher wieder im Aufstrich zu verkaufen sind oder wieder abzuschaffen oder wieder abzulehnen, dann würde auch die Glätte, mit der bisher die Marinebudgetverhandlungen sich entwickelt haben, doch sehr bald aufhören. Ich weiß nicht, warum Sie zu Wasser koulanter und militärisch einsichtiger sind als zu Lande. Aber hier sind wir nun einmal zu Lande, und ich kann mich auf Ihre Liebenswürdigkeit und Urtheilsfähigkeit, die Sie zu Wasser entwickeln, nicht einlassen. (Heiterkeit.)

Sie herunterdrücken ließen auf drei Jahre, und schon aus dem Grunde thun wir es unter keinen Umständen. Eine Veränderung des Reichstaatsrechts und des Begriffs desselben in der ganzen Nation ist es, wenn die verbündeten Regierungen sich auf das einlassen, was die Majorität uns vorschlägt, und wenn sie sich zurückziehen von dem, wofür die Vorlage ursprünglich eingetreten ist.

Der Herr Vorredner hat mir nachher verschiedene Vorwürfe gemacht, auf die ich doch noch mit einer Erwiderung eingehen muß. Er hat mir vorgeworfen, wie ja öfter, persönliche Anfechtungen, die ich gestern ihm gegenüber ausgeübt hätte. Ich habe, soviel ich mich erinnere, gar keine Kritik des persönlichen Verhaltens des Herrn Vorredners gestern ausgesprochen; ich habe seinen Namen meines Wissens überhaupt immer nur genannt als Parteiführer. Das ist auch lediglich ein Bedürfniß sprachlicher Kürze, wenn ich „Windthorst" sage, die Partei Windthorst, so meine ich immer Herrn Richter mit (Heiterkeit), und das ganze Heergefolge. Ich kann sie unmöglich immer aufzählen, ich weiß sie kaum auswendig, all' die Völkerschaften, die hinter Herrn Windthorst marschiren. Also bitte ich, mir die sprachliche Kürze zu gestatten, daß ich die gesammte heutige Opposition, die auch zum Theil aus dem Centrum besteht, das Centrum im engeren Sinne, die Welfen, die Polen, die Elsaß-Lothringer, soweit sie nicht konvertirt sind, die Sozialdemokraten und die Volkspartei unter dem Namen des Führers der Opposition begreife.

Der Herr Abgeordnete hat vorher gegen die Thatsache protestirt, daß er in Verbindung mit den Sozialdemokraten und mit dem Abgeordneten Grillenberger genannt worden ist, und hat gesagt, er verkehre sehr freundschaftlich mit diesem Herrn zwar, (Abgeordneter Dr. Windthorst: Das habe ich nicht gesagt!), aber er wünschte nicht, immer mit demselben identifizirt zu werden. Ich weiß nicht, ich habe ihn so verstanden, als ob er im bürgerlichen Leben doch nicht mit ihm einig wäre. (Zuruf.) — In den politischen Grundsätzen, richtig, das war es, da ist er nicht einig. In der Theorie mag er nicht einig sein, aber in der Praxis gehen sie immer Hand in Hand. Die ganze Fraktion Windthorst einschließlich der Sozialdemokraten marschirt in geschlossener Kolonne. Die Politik, die der Führer verfolgt, ist eben so, daß die Sozialdemokraten sie mit Vergnügen mitmachen können (Heiterkeit); sie ist geeignet, das Bestehende zu erschüttern, in Bresche zu legen und in Zweifel zu setzen; (Abgeordneter Dr. Windthorst: Ich bitte ums Wort!) und das können die Sozialdemokraten immer mitmachen. Es mag geschehen, aus welchen Gründen es wolle, Thatsache ist, daß die Sozialdemokraten nie in

gestützt auf die „Germania", die doch nicht ganz ohne Fühlung mit dem Centrum sein kann, sonst wäre die Reputation, deren sich dies Blatt erfreut, eine sehr ungerechte. Aber in allen auswärtigen Fragen, wo die Sicherheit und das Ansehen des Reichs am meisten interessirt ist, da haben die Sozialdemokraten nie einen Anlaß gehabt, einen anderen Weg zu gehen, als ihnen vom Centrum vorgezeichnet war. Ist das nicht richtig? Ist das nicht jetzt wieder der Fall? Es mag in einzelnen Fällen vorgekommen sein, daß sie dissentirt haben; aber ich kann mich im Augenblicke keines Falles erinnern, wo die Opposition des Centrums gegen die Regierung von der Art gewesen wäre, daß die Sozialdemokraten sie nicht hätten mitmachen können, oder wo das Centrum der Regierung so nahe getreten wäre, sie zu unterstützen, daß die Sozialdemokraten einen anderen Weg gegangen wären. Klären wir uns einmal darüber auf; ich lasse mich ja gern belehren. (Zuruf: Zölle!) — Die Zölle haben die Sozialdemokraten zum Theil mit bewilligt. (Widerspruch.) — Das thut mir leid; das ist aber doch schon recht lange her. Das war 1878 (Zuruf: 1884!) — Ich glaube, es war 1878 oder 1879, und wir schreiben jetzt 1887. Also wenn Sie kein neueres Datum mir anzuführen wüßten, — — (Zuruf: 1884!) Wir wollen das Zwiegespräch nicht fortsetzen, das möchte den Herrn Präsidenten beunruhigen. Ich behaupte nur, daß ich persönliche Anfechtungen gegen den Herrn Abgeordneten Windthorst gestern nicht gemacht habe; ich habe ihn nur als Centrumspartei, als Opposition im Allgemeinen genannt; ich sehe in ihm die Negation verkörpert, und das habe ich nur bezeichnen wollen.

Dann hat er mir gesagt, er habe keine Ambition, Minister zu sein. Ja, ich klebe immer noch etwas an den ersten Traditionen, [die ich auf der Universität eingesogen habe über die Kriterien eines konstitutionellen Regiments, das ja hauptsächlich nach englischem Muster sich richtete — es ist schon lange her; da wurde im Allgemeinen der Grundsatz aufgestellt: man hat nur insoweit das Recht, Opposition zu machen, als man bereit ist, wenn die Regierung sich nicht darauf einläßt oder deshalb zurücktritt, die Regierung selbst zu übernehmen. Das mag ja heute nicht mehr gelten. Der Herr Abgeordnete sagt, er hat nicht den Ehrgeiz, Minister zu werden; aber er hat vielleicht doch den Ehrgeiz oder die Absicht, denen, die es sind, das Gewerbe möglichst zu erschweren; wenn er dabei sich ganz außer Stande fühlt, es seinerseits besser zu machen und absolut darauf verzichtet, so ist es eigentlich kein gemeinnütziges Gewerbe, nur den öffentlichen Dienst zu erschweren, ohne in sich die Fähigkeit und die Absicht zu verspüren, es jemals besser zu machen. Wenn ich mich darauf berufe: werden Sie doch Minister an meiner Stelle. — so habe ich nur

die Sie dem Anderen unerträglich machen, ihm nachher abzunehmen. (Zuruf aus dem Centrum: Wollen noch darüber sprechen!)

Dann hat der Herr Abgeordnete eine Bürgschaft übernommen, die ich doch nicht in meiner amtlichen Stellung acceptiren kann: das ist die Bürgschaft für die Friedensliebe Frankreichs. Er hat offen erklärt, daß die uns nicht angreifen werden. Nun, er mag ja die französischen Verhältnisse und Neigungen durch die vielen Quellen, die ihm seine katholischen Beziehungen geben, vielleicht genauer kennen als ich; aber sind diese Quellen auch ihrerseits vollständig gut unterrichtet, daß sie die Stimmung dort kennen? Ist es nicht vielleicht mehr das geistliche und gläubige Frankreich, mit dem er Beziehungen haben kann; das amtliche Frankreich, wie es augenblicklich beschaffen ist, ist ja auch friedlich gesinnt. Ich habe da mehr mein eigenes Urtheil, ich möchte sagen naturwissenschaftliches und historisches Urtheil über das Naturell der Franzosen. Ich glaube, wie ich gestern schon sagte, daß sie uns angreifen, wenn sie entweder des Sieges sicher zu sein glauben, oder wenn sie finden, daß sie im Inlande nicht mehr aus noch ein wissen und versuchen wollen, wenn sie mit dem patriotischen Sturm auf das Ausland losgehen, ob das ihnen nicht eine stärkere Haltbarkeit ihrer heimischen Zustände wieder verleiht. Es ist ja schon mancher Krieg gemacht in der Absicht, die inneren Verhältnisse zu befestigen, warum sollten die Franzosen das nicht auch thun? Der Herr Abgeordnete Windthorst ist der Meinung, das sei nicht der Fall. Wenn es nun doch geschieht, was thun wir mit ihm? Sollen wir ihn den Franzosen ausliefern? (Heiterkeit.)

Jedenfalls ist er dann verantwortlich. Er hat dann trotz aller Proteste wieder in der Frage, ob die Franzosen gefährliche Gegner für uns wären, es besser gewußt als Graf von Moltke; er hat wieder gesagt: sie sind vollständig ungefährlich. Der Herr ist immer entrüstet, wenn ich ihm sage, er glaube die Sache militärisch besser zu verstehen, in welcher ich mir kein Urtheil anmaße. Wenn Graf von Moltke mir sagt, wir sind wohl sicher, die Franzosen zu schlagen, so bescheide ich mich; wenn er mir aber sagt: es ist doch nützlich, wenn wir uns etwas stärker machen, wir können nicht wissen, es ist eine ganz ausgezeichnete Armee, hat sich sehr gut im Felde geführt, wir müssen unsere Verstärkung im Auge haben, so glaube ich ihm auch, und ich möchte gern den Herrn Abgeordneten zu demselben Maße von Bescheidenheit auf militärischem Gebiet herunterdrücken, das ich habe.

Dann hat der Herr Abgeordnete mir vorgeworfen, ich hätte die Karolinenfrage einmal für sehr wichtig gehalten, und dann hätte ich sie eine Lumperei genannt. Der Herr Abgeordnete verwechselt dabei zwei Dinge, die ja heute

dabei reiner Gewinn war, weiß ich nicht. Wegen dieser Sache mit Spanien Krieg zu führen, wäre mir nie im Traume eingefallen, und hätten wir eine Ahnung haben können, daß Spanien, welches 1877 amtlich zugegeben hatte, auf unsere und die Anfrage Englands amtlich erklärt hatte, daß es keinen Anspruch auf die Karolinen mache, — hätten wir ahnen können, daß Spanien mit seinem Anspruch plötzlich hervortreten würde, so hätten wir von diesem ziemlich werthlosen Besitz, — es war das Geschäft zweier Handelshäuser, — die Finger gelassen. Denn ein Krieg mit Spanien ist zwar nicht gefährlich für unsere innere Sicherheit, wir wohnen zu weit von einander entfernt, aber es wäre doch immer eine sehr kostspielige Sache gewesen, und unser Handel mit Spanien, der sehr erheblich ist, hätte sehr darunter gelitten. Also ich bezeichne die Karolinen noch heute als eine Lumperei, und gerade weil es eine Lumperei ist, habe ich mit Spanien deshalb Frieden haben und den Krieg nicht herbeiführen wollen. Weil Spanien die Sache aus einem sehr viel höheren Tone nahm, als wir voraussetzen konnten und uns zum Theil durch Verletzungen und Beleidigungen das Erhalten des Friedens sehr erschwerte, — nach französischen Traditionen hätte man vielleicht einen vollen Kriegsanlaß daraus genommen, — haben wir uns an die Weisheit und Friedensliebe Seiner Heiligkeit des Papstes gewendet, und der hat uns vertragen und auseinandergesetzt. Dadurch sind wir die Lumperei der Karolinen allerdings wieder los geworden, aber wir sind dadurch der sehr wichtigen Frage der Möglichkeit eines Krieges mit Spanien, in dem wir nichts weiter zu gewinnen hatten, als eben die Interessen der Firma Gernsheim und irgend einer anderen, aus dem Wege gegangen. Das war durchaus eine sehr ernsthafte Sache, für die wir dankbar sein können. Ich weiß nicht, warum der Herr Vorredner diese Sache wieder aufgewärmt hat. Er stand da wieder in Sympathie mit einer anderen sonst nicht reichsfreundlichen Partei, der Volkspartei. Ich glaube, der Herr Abgeordnete Payer war derjenige, der auch von den Karolinen sprach, wenn ich nicht irre, bei der ersten Diskussion; ich erinnere mich, das gelesen zu haben. Also der Führer dieser bunten gesammten Opposition, dieses Konsortiums, hat doch Fühlung mit allen einzelnen Theilen seines Heeres, und so auch mit der Volkspartei hier wieder bei den Karolinen.

Der Herr Abgeordnete hat ferner auch mit einem gewissen Pathos, das mir bewies, daß er darauf Werth legte, gesagt, wir scheuten das Zusammenleben mit den Arbeitern, und hat dadurch einen gewissen sozialistischen Ton angeschlagen, den wir neuerdings in den Zeitungen, besonders in der „Germania", gefunden haben. In der „Germania" geht es ja bis zum Hetzen

Arbeitern als mit anderen Menschen, wenn ich den Reichstag vielleicht ausnehme. Wenn ich auf dem Lande bin, wo ich lange lebe, so giebt es keine Arbeiterwohnung, die mir unbekannt wäre; die meisten Arbeiter kenne ich persönlich und spreche mit ihnen persönlich, und ich scheue die Berührung mit ihnen gar nicht. Es giebt keinen Arbeiter, der, wenn ich komme, nicht auf die Schwelle tritt, mir vertraulich die Hand giebt, mich bittet, hereinzukommen, einen Stuhl abwischt und wünscht, daß ich mich setzen möchte. Ich kenne deshalb auch die Stimmung der Arbeiter ziemlich genau. Die Frage, wieviel Geld das Heer kostet, habe ich von ihnen nie berühren gehört. Das aber kann ich Sie versichern, soweit ich sie kenne: für die Sicherheit des Reiches einzustehen mit dem Gewehr in der Hand und zu kommen auf des Königs Ruf, jedesmal, wo er sie ruft, dazu sind sie alle bereit, jeden Tag und alle ohne Ausnahme. (Bravo!) Sie beurtheilen unsere Arbeiter ganz falsch, wenn Sie glauben, daß sie diese Finasserien über den Gewinn von parlamentarischem Uebergewicht begreifen, und daß es ihnen lieber ist von der parlamentarischen Oppositionsführung, von den Herren Windthorst und Richter, beherrscht zu werden als von der Regierung des Königs. Das sind alles Irrthümer, und das haftet bei den Leuten auch nicht; das kommt ihnen nicht durch die äußere Haut. Sie müssen die Arbeiter nicht nach den paar Führern beurtheilen, die von der Beredsamkeit ihre Stellung herleiten, und die sich Arbeiter noch nennen, aber längst nicht mehr sind; das sind nur Arbeiter in Stiftung von Unfrieden, aber ihr Handwerk haben sie längst aufgegeben — eigentliche Arbeiter sind sie nicht mehr.

Nun hat mir der Herr Vorredner vorgeworfen, daß ich gestern die Todten noch beunruhigt hätte — auf eine für die fliegende Seite wenig chevareske Weise, indem ich den Schatten des Königs Georg zitirt hätte. Er hat gethan, als wenn ich das muthwillig herbeigebracht hätte, und hat gesagt, er würde das nicht zur Sprache bringen, wenn er nicht angegriffen wäre. Ja, ich habe ihn gar nicht angegriffen. Ich habe nur die Folgen geschildert, die eine volle Niederwerfung des Deutschen Reiches durch die Franzosen haben würde, und habe unter den Folgen die Wiederherstellung des Königreichs Hannover genannt. Das ist doch das Wahrscheinlichste und Nächstliegende, was die Franzosen thun würden, um das Deutsche Reich in seinem Zusammenhange und Preußen als Hauptglied des Reiches zu schwächen. Auch Holstein würden wir wieder abtreten müssen und einiges Andere. Darauf hat der Herr Abgeordnete in seiner Rede gesagt, ich sollte ihm irgend einen Hannoveraner nennen, der jemals beabsichtigen könnte, mit den Franzosen zusammen gegen Deutschland zu marschiren. Da habe ich ihm zugerufen: König Georg V. Der Herr Abgeordnete hat mich provozirt, er hat das

würden, die diese ausgezeichnete, tapfere Truppe sich im Kriege erworben hat. Ja, meine Herren, das ist doch auch wohl nur gesagt, um eine Unzufriedenheit Anderer und vielleicht des 10. Armeekorps zu erregen, was nicht gelingen wird. Die Thaten des 10. Armeekorps sind ja ganz andere; sie bewegen sich in einer ganz anderen, reichstreuen Richtung, als die Haltung der Welfenpartei, sowohl hier im Hause als im Lande. Das 10. Armeekorps, die Hannoveraner im Ganzen, sind eine Stütze des Reiches; das kann ich doch von der Welfenpartei hier im Hause nicht sagen, und ich habe Vorwürfe über diese, wie sie der Herr Abgeordnete vorgebracht, gar nicht gemacht. Ich habe nur Thatsachen angeführt, und die Thatsachen sind ganz unwiderlegbar. Die Vertheidigung war vielmehr auf meiner Seite. Herr Windthorst hat die Neigung der Hannoveraner, ich meine das hannoversche Haus, sich durch Frankreich wieder in den Besitz setzen zu lassen, damit entschuldigt, daß wir die Verhandlungen mit dem König Georg in Nikolsburg und hier in Berlin schnöde abgewiesen hätten. Nun, das Wort „schnöde" hat der Herr Präsident schon monirt. Wir haben sie abgewiesen, das ist richtig; aber noch viel — ich will nicht sagen schnöder, aber schärfer sind unsere Bestrebungen abgewiesen worden, im Frühjahre 1866 mit Hannover zu verhandeln. Wir haben der hannoveranischen Regierung, dem König Georg, damals angeboten: Wir sehen den Krieg voraus mit Oesterreich, versprecht uns neutral zu bleiben, dann habt Ihr das Wort des Königs von Preußen, daß Euch nichts geschieht; wir verlangen nicht Euren Beistand, wir verlangen nicht, das Verhältniß im 7jährigen Kriege zu wiederholen, — wo die hannoveranischen Truppen an unserer Seite gefochten haben, — wir verlangen nur Euer Wort, daß Ihr still sitzen wollt, dann werden wir Euer Territorium respektiren und Euch als neutrale Macht betrachten, und der Krieg mag ausfallen wie er will, Ihr werdet sicher sein, in Eurem Besitz zu bleiben. Es wurde darauf eingegangen, und das Verhältniß war eine Zeit lang sogar so freundlich, daß eine Verlobung einer hannoverschen Prinzessin mit einem preußischen Prinzen im ersten Frühjahr 1866 in Verhandlungen mit dem Grafen Platen, der damals mich zu diesem Zwecke besuchte, geplant wurde und so weit zu Stande kam, daß die jungen Herrschaften sich bloß noch einmal sehen sollten, um zu entscheiden, ob sie sich konvenirten. So vertraut und freundschaftlich war unser Verhältniß. Da kamen plötzlich verschiedene einflußreiche Persönlichkeiten — ob mit oder ohne Auftrag von Wien, das weiß ich nicht —, die den König Georg umgestimmt haben. Er fing an zu rüsten und Truppen auszuheben (Abg. Dr. Windthorst: Im Generalstabswerk steht's anders!), in der Absicht, seine Armee zu verstärken, eine Absicht, die mit der Neutralität nicht verträglich war. Wir erkundigten uns nach den Gründen — es war im

uns auch damals geantwortet. Die Antwort kann ich wohl, ohne zu weit zu gehen, eine schnöde nennen. Inzwischen war ein hoher Herr und Verwandter des hannoverschen Hauses nach Hannover gekommen und hatte dort Anerbietungen gemacht, auf die ich nicht zurückgreifen will, hatte von 800 000 Oesterreichern gesprochen und hatte den König überzeugt, daß der österreichische Sieg ganz sicher sein würde. Er hatte gesagt: wer weiß, wie es ausfällt, wenn die Oesterreicher siegen, — während wir sagten: wenn Ihr mit Preußen geht, oder auch nur neutral bleibt, — denn mehr als das verlangen wir nicht — so seid ihr ja ganz sicher nach dem Ausgange. Einen Bundesgenossen und ebenso sehr einen Neutralen, der das Wort des Königs hat, kann Preußen ja gar nicht anfassen und wird es auch nicht; mit dem muß es nachher unterhandeln; unterliegen wir, dann könnt ihr immer sagen: so, wie wir nach der geographischen Lage von Hannover zwischen Magdeburg und Minden liegen, war es uns ganz unmöglich, wir haben die Neutralität acceptiren müssen. Das konnte dem König von Hannover niemand zum Vorwurf machen. Nichtsdestoweniger hat man Neigung gehabt, über uns herzufallen, und vielleicht in der Absicht — die Zeugen, die ich dafür habe, kann ich nicht nennen, deshalb will ich es nicht sicher behaupten —, eine territoriale Vergrößerung im Falle des Unterliegens Preußens zu gewinnen. In der Absicht hat man sich schließlich auf österreichische Seite gestellt.

Nun, das nenne ich in der That eine doch wenigstens unfreundliche Zurückweisung und insbesondere, nachdem die Verhandlungen einmal so weit gediehen waren, daß wir glaubten, der Neutralität sicher zu sein, und nahe daran waren, unsere fortdauernde Freundschaft durch eine Familienverbindung zu befestigen. Grade wenn man in der geographischen Lage des Königreichs Hannover war, so mußte man Preußen nicht in diese Versuchung führen. Es war ganz ähnlich mit Sr. Hoheit dem Herzog von Nassau, der eine Politik führte, die überall möglich gewesen wäre, nur nicht unter den Kanonen von Ehrenbreitstein. Auch die Politik, wie sie Hannover führte, eine aktiv gegen Preußen eingreifende Politik, war überall möglich, nur nicht zwischen Minden und Magdeburg, in unserem Rücken, während wir mit Oesterreich zu thun hatten. Es ist da wenigstens nicht klug operirt worden. Ich habe zu all diesen nachträglichen historischen Reminiszenzen gar keinen Anlaß, als den starken Ausdruck sittlicher Entrüstung, den ich hier vorhin auf der Tribüne gehört habe, und der mich wenig berührt hat.

Nun, meine Herren, kann ich Ihnen nach diesem Exkurs, in dem ja viele Wiederholungen sind von dem, was ich gestern gesagt habe nur nochmals die dringende Bitte aussprechen: Entschließen Sie sich, schon in der zweiten Lesung die volle Vorlage mit dem Septennat anzunehmen. Ich wiederhole Ihnen, daß wir das, was der Abgeordnete Windthorst „jeden Mann und jeden Thaler" nennt, auch dann auf drei Jahre nicht annehmen würden wenn das eine wirkliche Wahrheit wäre, daß wir jeden Mann und jeden Thaler erhalten, und zwar aus dem Grunde, weil wir nicht das Beispiel geben wollen, Kompromisse, die einmal beschlossen sind, wieder zu lösen und zu verlassen; wir wollen Sie auf diesem Wege nicht ermuthigen, und wir wollen die Anlässe zu Konflikten und Verstimmungen nicht häufen.

Die Auflösung eines Reichstags ist ja ein vollständig verfassungsmäßiges Mittel. (Zuruf.) Wenn der Abgeordnete Windthorst sagt, daß ich dabei Leute zu erreichen hoffte, die zu allem Ja sagen, was ich wünsche, so macht er den Wählern ein falsches Bild von meinen Wünschen. Ich glaube, ich habe mich nie in der Welt als einen unbilligen, und bis zur thörichten Ueberhebung unbilligen Menschen gezeigt, und bei jedem, der mich kennt, wird der Abgeordnete Windthorst mit dieser Charakteristik von meiner Person keinen Glauben finden. Ich habe mit der konservativen Partei ja manchen Strauß gehabt, und die Galle ist mir in meinem Leben sehr viel öfter übergegangen über meine Freunde als über meine Gegner; aber nichts destoweniger habe ich mich nie dazu veranlaßt gesehen, irgend Jemanden wegen Meinungsverschiedenheiten Vorwürfe zu machen. Ich glaube im Gegentheil, die Herren Führer der Opposition sind durch den blinden Gehorsam, den sie als Herrscher über gebogene Knieen in ihren Fraktionen zu finden gewohnt sind, ihrerseits so verwöhnt (Oho! links und im Zentrum), daß sie auch den Widerspruch der Regierung nicht mehr vertragen. Ich bin vielleicht der einzige Mensch, der im Laufe des ganzen Jahres es wagt, dem Abgeordneten Windthorst zu widersprechen. (Große Heiterkeit.) Ist hier im Reichstage irgend Einer, der die Kourage dazu hat, außer den Sozialdemokraten? Diese haben den Muth, aber von den Uebrigen sind Alle in der Furcht vor dem Herrn Parteichef, und der ist seinerseits keinen Widerspruch gewohnt und geräth in Zorn und sittliche Entrüstung, nur weil ich anderer Meinung bin als er über die Auflösung. Darum keine Feindschaft! Kommen Sie Alle wieder, dann werden wir uns ganz dieselben Reden über drei Monate hier halten, die wir heute gehalten haben; aber die Ueberzeugung der verbündeten Regierungen und ihre feste Entschlossenheit in Bezug auf die Wehrhaftigkeit des Volkes, die sie für nothwendig halten, nicht um ein Haarbreit nachzulassen, wird in drei Monaten dieselbe sein wie heute. (Lebhaftes Bravo rechts.)

Die weitere Berathung wurde hierauf vertagt und die Sitzung nach einigen persönlichen Bemerkungen geschlossen.

Die Berathung wurde in der 20. Sitzung des Deutschen Reichstages, am Donnerstag, den 13. Januar 1887, zu Ende geführt. Nach Eröffnung der Sitzung erhielt das Wort der Abgeordnete Graf von Moltke und sprach Folgendes:

Nur eine kurze Bemerkung. Es scheint, daß die wenigen Worte, welche

und daß sonach nur noch die Zeitfrage in Betracht komme. Diese Aeußerung gründet sich auf die Erklärung des Führers der zahlreichsten Partei im Hause, welcher erklärte, daß diese Partei bereit sei, den letzten Mann und Groschen zu bewilligen; dann aber habe ich, nach Ausweis des stenographischen Berichts, sogleich hinzugefügt, daß die Bewilligung auf kurze Zeit, auf ein, auf drei Jahre uns nichts nützt (Hört! Hört! rechts), daß neue Formationen erst im langen Laufe der Jahre wirksam werden, daß die Stabilität und Dauer die Grundlage aller militärischen Organisationen bilde. Es kann also nicht zweifelhaft sein, daß ich der Ansicht bin, daß mindestens eine siebenjährige Dauer nothwendig ist. (Beifall rechts.)

Diesem Redner folgte der Abgeordnete v. b. Decken, nach welchem der Abgeordnete Eugen Richter das Wort zu einer sehr langen Rede nahm, in welcher er in seiner bekannten Weise den Reichskanzler angriff und sich angesichts der drohenden Auflösung des Reichstages mit der Hoffnung tröstete, daß eine nicht ferne Zukunft ihm und seiner Partei gehören und daß für die Sache der Deutschfreisinnigen der Tag des Sieges erscheinen werde. Nach ihm beleuchtete der Abgeordnete Buhl unter treffenden Schlaglichtern auf den Abgeordneten Richter die Entwickelung der Dinge in der Kommission und im Hause und bat schließlich im Interesse des europäischen Friedens und der ruhigen Entwickelung unserer inneren Verhältnisse der Regierungs-Vorlage voll und ganz zuzustimmen.

Hierauf ergriff der **Reichskanzler Fürst von Bismarck** das Wort. Derselbe äußerte sich, wie folgt:

Der Herr Abgeordnete Richter hat, wie ich vernehme, in seiner heutigen Aeußerung, die ich zu meinem Bedauern nicht gehört habe, gesagt, es wäre nicht wahr, daß in der bulgarischen Frage im letzten Herbst die Presse der verschiedenen Oppositionsparteien die Regierung beschimpft hätte wegen ihrer friedlichen Politik; es sei Entstellung, daß die Presse zum Kriege mit Rußland aufgefordert hätte. Er hat ferner gesagt — nach meiner Version —: der Reichskanzler ist der bulgarischen Justiz durch eine diplomatische Note in die Arme gefallen, um zu verhindern, daß die Hochverräther u. s. w.

Nun, diese Aeußerungen nöthigen mich, Ihre Zeit, die, wie ich glaube, ja sehr kostbar und gemessen ist (Heiterkeit), doch mit retrospektiven Mittheilungen in Anspruch zu nehmen, die ich ursprünglich nicht beabsichtigt habe. Ich erlaube mir hiermit, der Oeffentlichkeit diejenigen amtlichen Depeschen zu übergeben, die wir in Bezug auf das „in den Arm fallen der Justiz" damals mit Sofia gewechselt haben. Das eine ist eine Instruktion

Die Antwort darauf, unterzeichnet: Freiherr v. Thielmann, lautet:

Sofia, den 20. September 1886.

Ich habe die erforderlichen Schritte, um Hinrichtungen zu verhindern, gethan und günstige Aufnahme gefunden. Jedenfalls bis zur Ankunft des Generals v. Kaulbars wird nichts Entscheidendes geschehen.

Diese Antwort kreuzte sich mit einer diesseitigen Mittheilung vom 19. September:

Der russische Geschäftsträger hat hier unter Mittheilung, daß die bulgarische Regentschaft die in der Verschwörung vom 21. v. M. verwickelten Offiziere vor ein Kriegsgericht stellen und deren Aburtheilung und Exekution wo möglich noch vor Ankunft des Generals Kaulbars herbeiführen will, um Gegenvorstellungen in Sofia gebeten.

Ew. Hochwohlgeboren wollen Sich, nach Einvernehmen mit Ihrem österreichischen Kollegen, mündlich im Sinne meiner früheren Weisungen abmahnend aussprechen.

Dann ein weiteres Aktenstück, ein Bericht des Herrn v. Thielmann an mich vom 25. September, aus dem die Natur seiner Instruktion ersichtlich ist. — Nein, erst folgt ein — ich habe in der Geschwindigkeit die Sachen nicht so ordnen können — es kommt eine Aeußerung von hier; die Antwort kommt nachher.

Also:

Berlin, den 25. September.

Aus Ihrem Telegramm vom 22. d. Mts. hat der Herr Reichskanzler mit Befriedigung ersehen, daß die Gefahr der Ausführung von Hinrichtungen —

Ausführung unterstrichen —

beseitigt ist. Der Zweck der Ew. Hochwohlgeboren ertheilten Instruktionen ist damit vollkommen erreicht, da dieselben von Anfang an nur die Verhütung von Exekutionen im Auge hatten.

— Ich begreife nicht, wie die Gegner der Todesstrafe uns daraus ein so schweres Verbrechen machen können; ich glaube, die meisten der Herren waren damals gegen die Todesstrafe. — (Heiterkeit.)

Nach Ihren bisher hier vorliegenden Meldungen darf ich annehmen, daß Sie sich bei Ihren Aeußerungen innerhalb dieses Rahmens gehalten haben. Um den falschen Mittheilungen aus

lichen Attesten gegenseitig vom Ministerium und diplomatischen Agenten zu versehen und zu vergewissern gegen die unglaubliche und alles Maß übersteigende Verlogenheit dieser Sorte von Presse. (Sehr richtig! rechts.)

Darauf erfolgte die Antwort am 3 Oktober:

> Auf den hohen Erlaß vom 25. v. M. beehre ich mich zu erwidern, daß ich mich genau im Rahmen meiner Instruktionen gehalten habe. Irgend welche weitere Anforderungen habe ich der bulgarischen Regierung nicht gestellt, sondern mich in anderen Fragen in Uebereinstimmung mit meinem österreichischen Kollegen gänzlich zurückgehalten.
>
> Beide Regierungen, unsere sowohl wie die österreichische, sind in dieser Frage ausnahmslos Hand in Hand gegangen.
>
> Die Hinausziehung des Verfahrens ist uns lediglich als Mittel zum Zweck nützlich erschienen; denn wenn jetzt Verurtheilungen zum Tode stattgefunden hätten, so wäre bei der Aufregung des Offizierkorps für das Weitere nicht zu bürgen gewesen. Zu Drohungen und zu scharfer Sprache hätte ich, auch wenn ich Auftrag dazu gehabt, nicht einmal Gelegenheit gehabt, denn Herr Karaweloff ging ohne Weiteres auf meine Anregung ein. Dem Minister des Auswärtigen gegenüber habe ich lediglich mein Gespräch mit Herrn Karaweloff wiederholt. Herr Stambuloff sagte mir 3 Tage später spontan, daß er von jeher für Amnestirungen gewesen sei. (Hört, hört! rechts.)
>
> Mit anderen Bulgaren habe ich über die Sache überhaupt nicht gesprochen.
>
> Gez.: von Thielmann.

Es ist also eine gänzlich aus der Luft gegriffene Erfindung, die als Unterlage für viele Entstellungen und Verleumdungen der deutschen Regierung benutzt worden ist, die der Abgeordnete Richter zu meinem Bedauern aus der Presse, in der er sie wahrscheinlich gelesen, reproduzirt hat; ihm selbst schreibe ich natürlich diese Erfindung nicht zu.

Was dann die Behauptung betrifft, daß die Presse nicht zum Kriege gegen Rußland gehetzt hätte, — ja, da liegt mir die mir noch widerstrebendere Aufgabe vor, einige von den Artikeln, die ich Ihnen vorgestern erspart habe, nun doch als Ueberführungsstücke, als Beweisstücke hier in die Oeffentlichkeit zu bringen, und ich behalte mir vor, die ganze Serie zu veröffentlichen, die ich zu Hause habe — dies ist vielleicht der zehnte Theil davon; ich habe nicht einmal ausgesucht, ich habe die Zeit dazu nicht gehabt, als ich hörte,

Also wieder aus der „Freisinnigen Zeitung" vom 28. August:

Weicht man vor Rußland zurück,
so wird der klerikalen „Deutschen Reichszeitung" aus Berlin geschrieben (hört, hört! links) — der klerikalen! ja, das ist das Geschwisterkind mit der „Germania"; oder nicht? ist die „Germania" nicht einmal klerikal? Dann hat sie gar keinen Werth — (Heiterkeit rechts)

> weil man im jetzigen Moment keinen Krieg will oder keinen führen kann, so mögen die Offiziösen es sagen. Zum mindesten aber mögen sie schweigen und nicht unser Volk in der Art verwirren und an allem irre machen, was ihm lieb ist.

Also nicht zurück? Das wäre der Krieg, wenn man nicht zurückweicht, „Weil man im jetzigen Moment keinen Krieg will" — da ist doch unzweideutig der Wunsch ausgesprochen, daß der Krieg jetzt geführt werden möchte. Dann „Freisinnige Zeitung" vom 25. August:

> Wenn die Unterwerfung unter den Willen des Zaren den Weltfrieden bedeutet, so mag das richtig sein. Aber es giebt eine Grenze, wo diese Unterwerfung aufhören muß, und dieser Grenze nähern wir uns um so mehr, je mehr die russische Herrschsucht und der Panslavismus durch Erfolge auf der Balkanhalbinsel zu neuen Abenteuern für immer weiter gesteckte Ziele ermuntert werden.

Also wir sollen Halt gebieten, das heißt doch, wir sollen Krieg führen mit Rußland. (Widerspruch links.) — Glauben Sie denn, daß man mit solchen vollmündigen Phrasen wie „jeden Groschen und jeden Mann" Rußland auf seiner Bahn aufhalten, dieses Reich von 100 Millionen mit einer sehr starken Armee einschüchtern könne? Die Leute erfahren das ja gar nicht. sie lesen Ihre Reden gar nicht; das fällt ihnen gar nicht ein. (Heiterkeit.)

Die „Volks-Zeitung" vom 7. September sagt:

> Die türkische Weltherrschaft wurde eben nur dadurch gehindert, daß es gegen die Türkei ein Europa gab, daß vor allem deutsche Schwerter die Türken aus der gesitteten Welt herausschlugen, bis sie in ihrem europäischen Besitzstand mehr und mehr beschränkt, der unaufhaltsamen Verkümmerung verfielen. Gegen Rußland besteht, wie die beiden letzten Wochen mit drastischer Unwiderleglichkeit bewiesen haben, augenblicklich kein Europa; darf es seinen Raubzug nach Konstantinopel ungehindert vollführen, dann giebt es für Europa nur noch eine Alternative: die unumschränkte Herrschaft der Knute und des Rubels oder ein Zeitalter von Kriegen, von

Schwert die Türken aus Europa geschlagen hat, soll es jetzt die Russen aus Europa hinausschlagen. Etwas anderes bedeutet das nicht.

Dann die „Volks-Zeitung" vom 30. August sagt:

> Wir haben es kaum anders erwartet, glauben aber, daß die Gewalt der Thatsachen stärker sein wird als das Mißwollen und die Unentschlossenheit der Zunftdiplomaten,

— ist das eine Annehmlichkeit, eine Schmeichelei, die uns gesagt wird? Ich gehöre auch dazu. — (Heiterkeit.)

> und daß die männliche Energie, die sich in dem Battenberger verkörpert, und die flammende Entrüstung, welche sich angesichts eines unerhörten Ränkespiels des gesammten deutschen Volkes bemächtigt hat, den moralischen und thatsächlichen Sieg über alle „Wenns und Abers" der hohen Politik davontragen werden.

Das ist es, was mich erinnert an Hekuba, an die weinerlichen Deklamationen, die Jemand in einer Sache aufwenden kann, die ihm im Herzen ganz gleichgültig ist. Wer soll denn glauben, daß diese Artikelschreiber irgend eine Begeisterung für Bulgarien hätten? Ich will gar nicht einmal behaupten, daß sie finanziell angeregt worden sei, diese Begeisterung. (Heiterkeit.) Das Ueble will ich ihnen gar nicht anthun; es wäre aber zu bedauern, wenn für wenige Mark auf diese Weise das deutsche Volk beeinflußt werden könnte. Ich meine, es ist Alles die volle Ueberzeugung der Herren, die auf diese Zeitungen Einfluß haben; sonst würde ich mich gar nicht damit beschäftigen, wenn irgend einer der, — um mit dem Herrn Abgeordneten Dr. Virchow zu reden — bestochenen, bezahlten Schufte, die dafür thätig sind, dies allein auf sein Konto geschrieben hätte. Dann wäre es gar nicht der Rede werth. Aber ich muß doch annehmen, da dies nie desavouirt ist, und da so viele angesehene liberale und klerikale Zeitungen alle dasselbe gesagt haben, daß das die volle ernste Meinung von denjenigen Leuten ist, die in der Opposition die staatsmännische Führung haben, die augenblicklich die Majorität bilden und die vielleicht ja auch in drei Jahren die Majorität bilden werden, so daß wir uns in drei Jahren vielleicht einer Majorität gegenüber finden, die auf diese Melodie hin sagt: Jetzt führt Krieg gegen Rußland oder wir streichen euch so und so viel aus der Armee! (Widerspruch links und im Zentrum.) Ist das nicht sehr wahrscheinlich? Glauben Sie, daß diese Herren in drei Jahren ihre Ueberzeugung ändern? Die Majorität ist vertreten in diesen Artikeln; es sind die Blätter aller der Fraktionen, die heute die Majorität bilden. Und ich war darauf gefaßt, als wir im September den kurzen Reichstag hatten, daß diese Majorität eine lawinenartige Inter-

ich will nicht sagen, Absurde — Unhaltbare dieser Theorie allmählich erkannt hatte. Nun, die Majorität war ja aber vorhanden; eine volle Reichstags=majorität steht hinter dieser Presse, eine Majorität, die so schnell ihre Ansichten wechselt, — heute tritt kein Mensch mehr außer dem Herrn Abgeordneten Richter hier für Bulgarien auf, jetzt haben Sie Bulgarien vollständig fallen lassen.

Ich komme noch nachher auf einige „Germania"-Artikel von derselben Kategorie zurück, deren ich wenigstens vierzig zu Hause habe. Also auf ein so schwankes Rohr, wie die Stimmung der Majorität, die doch über die Abstimmung jedesmal entscheidet, können wir die Existenz unserer Armee nicht aufbauen, wenn das nicht anerkannt ist, daß die Existenz der Armee nur in denjenigen Zeiträumen diskutirt werden soll, mit denen der Kaiser und der Bundesrath einverstanden sind. Wenn die Theorie, die Fälschung der Verfassung überhaupt im Volke Terrain gewinnt und Anerkennung findet, daß von einer Budgetmajorität in jedem Jahre der Stand der Armee abhängt, wie in England etwa durch die Mutiny=Bill — theoretisch; praktisch würde es auch dort nicht so der Fall sein —, dann, meine Herren, ist keine Sicherheit vorhanden, dann heißt es allein: videant Consules oder videat Imperator ne quid detrimenti capiat respublica; dann ist salus publica suprema lex. — Verzeihen Sie, daß ich in fremden Zungen mich bewege, es wird mir schwer genug.

Dann hier eine „Volks=Zeitung" vom 28. August: die brutalsten Rechtsbrüche des zarischen Despotismus ruhig hinnehmen, weil ihnen die „Gewissenlosigkeit" fehlte, einen „Krieg mit Rußland zu führen", das konnten die Diplomaten des Deutschen Bundes wirk=lich auch;
— Nun das konnten sie nicht einmal, denn sie waren dem gar nicht aus=gesetzt, sie kamen gar nicht zur Hebung dabei. Ich bin ja selbst als Diplo=mat dort gewesen, wir haben mit Rußland direkte Korrespondenzen eigentlich nicht gehabt, aber damit hat doch der Verfasser mir das Kränkendste sagen wollen, was in seiner Macht lag.

Wenn Deutschland in der Weltpolitik auf diese bescheidene Rolle sich beschränken wollte, dann hätte das deutsche Volk sich die Ströme von Blut und Schweiß sparen können, welche dazu gehörten, das Deutsche Reich zu gründen.

Also wozu brauchen wir ein Deutsches Reich, wenn wir es nicht für Bulgarien einsehen wollen? Nur dazu ist es geschaffen. Und solche Herren

In der „Vossischen Zeitung" vom 26. August heißt es:

Wenn aber alle diese Zugeständnisse nur den Erfolg haben, daß man den frechsten Verletzungen der Friedensbedingungen um des Friedens willen keinen Widerstand entgegensetzt, wenn also der Frieden nur dadurch aufrecht erhalten wird und werden kann, daß man derjenigen Macht, welche man erst vor acht Jahren zum Frieden gezwungen hatte, gestattet, diesen Frieden auf den Kopf zu stellen, und gerade diejenigen Uebergriffe durchzuführen, welche derselbe zu verhindern bestimmt war, dann kann der also zusammengefügte Frieden kaum noch auf den Werth des Papieres Anspruch machen, auf welchem er niedergeschrieben und besiegelt worden ist.

Ich sagte gestern schon: wir, die Regierung, treten für den Frieden ein, die Politiker dieser Richtung wollen es ankommen lassen auf einen kleinen Krieg mit Rußland, darauf einzugehen sind sie sehr bereitwillig. Es ist zwar schon 4 Monate her, diese Bereitwilligkeit und diese todesverachtende, todesmuthige Ueberzeugung, die sich hier ausspricht. Vier Monate sind ja für die Stimmung in der Politik eine recht lange Zeit; aber es könnte doch sein, daß wir nach drei Jahren noch auf diesen selben Schlag von Politikern hier in der Mehrheit stoßen könnten.

Wir sollen dann nach der „Vossischen Zeitung" weiter dem Zaren einen verstärkten Damm entgegensetzen, daß er nicht nach Konstantinopel geht u. s. w.

Die „Germania" vom 1. September sagt:

In letzter Instanz könnte vielleicht sogar Frankreich gewonnen werden, da letzteres an sich die Stärkung der christlichen Mittelstaaten auf der Balkanhalbinsel nur wünschen und fördern kann und blos durch die Aussicht auf ein russisches Revanchebündniß zu einer anderen Politik getrieben werden könnte, eine Politik, die ja aber doch jener obigen Kombination gegenüber aussichtslos wäre.

Das ist ein Irrthum; auf Frankreich ist in dieser Beziehung nicht zu rechnen; Frankreich wird nichts thun, wodurch es sich mit Rußland in Ungelegenheiten bringen kann; und solche Insinuation zeugt eben nur von der Unkenntniß der politischen Lage und dem Mangel an Urtheilskraft in europäischen politischen Fragen.

Wir glauben also, ein großer Moment ist jetzt wieder einmal für den deutsch-österreichischen Bund gekommen. — Die Versperrung der Straße nach Konstantinopel gegen Rußland ist möglich.

Also dazu sollen wir Deutsche Truppen hergeben, um den Russen die Straße nach Konstantinopel zu versperren. Wenn wir nicht mit Rußland

England kann sich mit Rußland schlagen, ohne daß es zu befürchten braucht, daß es in England selbst in einer irgendwie ernsthaften Weise durch russische Kräfte belästigt wird. Es hat nur Gefahren für seine Kolonieen, für Indien zu befürchten. Aber für uns ist das was anderes; den Frieden zwischen zwei benachbarten Nationen zu stören, in deren Masse schon so manche Verstimmung künstlich gemacht und geschürt wird durch die verschiedensten kreuzenden Interessen, — das ist eine große Ruchlosigkeit, zu der man gar keinen Grund hat.

Als zuerst im Jahre 1867 die Gefahr eines französischen Krieges hervortrat wegen der luxemburger Frage, habe ich unter den Gründen, die dagegen sprachen, daß wir sie Frankreich gegenüber kriegerisch aufnehmen sollten, namentlich auch geltend gemacht: ein neuer Krieg zwischen Deutschland und Frankreich ist ja mit einem Feldzug nicht abgemacht; Derjenige, der im ersten Feldzug, der im ersten Kriege geschlagen wird, wird nur darauf warten, um seine Kräfte zu sammeln, um den zweiten Krieg anzufangen und seine Revanche zu nehmen. Wären wir geschlagen worden, so hätte ich vorausgesetzt, daß wir dasselbe thäten, was jetzt Frankreich thut. Ich habe damals im Rathe des Königs gesagt: es handelt sich hier nicht um einen einmaligen Krieg, sondern um eine ganze Reihe von Kriegen, die vielleicht ein halbes Jahrhundert hindurch dauern. Ob und inwieweit ich Recht gehabt habe, darüber diskutiren wir, und das überlasse ich Ihrem Urtheil. Aber ein ähnliches Verhältniß der Spannung und des dauernden Hasses und eine neue Revancherüstung durch einen Krieg mit Rußland einzurichten neben dem französischen, dazu gehört ganz nothwendig, daß wir von Rußland in ganz ruchloser Weise angegriffen werden und ausschlagen müßten; dann würden wir uns vertheidigen bis auf den letzten Blutstropfen, und wenn wir einer großen Koalition augenblicklich unterliegen sollten, würde eine Nation, wie die deutsche, niemals zu Grunde gehen, und wenn sie zu Grunde geht, ist es doch immer besser, mit Ehren unterzugehen, als mit Schande zu leben. (Bravo rechts.) Das sind aber Sachen, von denen man wohl gelegentlich, wenn man die vorsichtige Politik der Regierung angreift, in renommistischer Weise reden kann, die aber nach Kräften zu verhindern die Aufgabe einer vaterlandsliebenden und ehrliebenden Diplomatie ist. Und wegen Bulgarien, wegen Hekuba, werden wir unser Verhältniß mit Rußland nicht brouilliren und überhaupt einen Krieg führen mit einem Nachbar, mit dem wir keine streitigen Interessen haben — Rußland wünscht kein deutsches Land zu erobern, und wir wünschen kein russisches; es könnten nur polnische Provinzen sein, von denen haben wir schon mehr, als für uns bequem ist — es ist also nicht der mindeste Grund, diese für manche

stellt sich manches in der inneren Politik doch noch anders und die Regierung ist ja natürlich im Ganzen schwächer. Aber das ist doch nur eine theoretische Berechnung, daß sie schwächer wird; ihren eigenen Landsleuten gegenüber ist eine Regierung sehr viel stärker. Wenn sie in einem schwierigen Kriege sich befindet, dann gilt Nothrecht, dann ist Vieles erlaubt, was im Frieden oder in einem leichteren Kriege schon nicht möglich ist. Also auch diese Rechnung wäre fehlerhaft. Ich kann mir denken, daß Leuten, die eine Aenderung der Zustände bei uns wünschen, z. B. die polnischen Bestrebungen — daß denen mit einem Kriege gegen Rußland gedient wäre; aber sie könnten doch nur dann ein günstiges Resultat davon hoffen, wenn der Gegner Rußlands stärker wäre. Wenn Rußland siegt im Kriege wegen der Schwäche seiner Gegner, weil diesen die Mittel fehlen, deren Bewilligung wir heute von Ihnen verlangen, dann, glaube ich, würde es den Polen noch viel schlechter gehen in den preußischen und österreichischen Provinzen, als heutzutage (Sehr richtig! rechts), wenn also Galizien oder das Großherzogthum Posen dem Weichselgouvernement zugeschlagen würde, — das wäre ungefähr der Kampfpreis, den die Polen in diesem Kriege davontragen könnten, wenn sie auf die Schwächung Deutschlands hinarbeiten.

Die „Germania" sagt ferner am 29. August:

> Und dieser Gedanke, ob die Lage Europas derartig sei, daß man den Frieden durch fortwährende Trinkgelder an Rußland, und zwar oft durch sehr beträchtliche, erkaufen müsse, — dieser Gedanke macht sich fort und fort immer deutlicher in der Presse geltend. So heißt es z. B. in dem sehr regierungsfreundlichen „Hamburger Korrespondenten".

Nun, die Regierungsfreundlichkeit des „Hamburger Korrespondenten" kennen wir. Wenn ein Blatt wie die „Germania" so bemüht ist, den Russen Feinde zu schaffen und zwischen Rußland und dem deutschen jetzigen Kaiserthum Feindschaft zu stiften, so drängt sich einem ganz unwillkürlich die Frage auf: würde die „Germania" ebenso eifrig dahin arbeiten, wenn Rußland ein katholisches Land wäre oder ein katholisches Herrscherhaus hätte? Rußland ist heterodox, und da giebt es ja so manche leidenschaftliche Politiker, die, wenn Griechen und Protestanten sich etwa in die Haare geriethen, sagen würden: schade um jeden Schlag, der vorbei fällt.

Die „Germania" sagt ferner in einem Artikel vom 26. August:

> „Das Alles hat sich nun mit einem Schlage vollständig verändert; Europa hat sich vor Rußland rückwärts konzentrirt, und zwar auf die bloße Drohung des Losschlagens hin.

— Dem gegenüber sollten

stand gegen den Panslavismus aufgeben? Bulgarien und Ostrumelien sind jetzt in den Händen der Russen. Daß Mazedonien auch dazu gehört, hat noch dieser Tage das Organ Zankows, des Hauptanstifters der Revolution, förmlich erklärt. Oesterreich wird ebensowenig die mazedonischen wie die bulgarischen Kastanien aus dem Feuer zu holen wagen."

Ich frage: Sind dies Kriegshetzereien oder nicht? Darf man daraus schließen, daß die Staatsmänner, die hinter diesen Blättern stehen, den Wunsch gehegt haben, uns mit Rußland in einen Krieg zu führen? — Dann wäre es ein sehr eigenthümliches Zusammentreffen, auf welches ich schon aufmerksam gemacht habe: daß dieselben Parteien, die so bereitwillig sind, uns in einen Krieg zu stürzen, hier die Mittel, den Krieg zu führen, uns hartnäckig versagen oder doch nur auf kurze Zeit bewilligen wollen; woran sich doch immer die Neigung knüpft, die Krisis, die jedesmal mit diesen Verhandlungen verbunden ist, nicht zu lange aufzuschieben. Sieben Jahre der inneren Ruhe, des inneren Friedens, — das kann keine eifrige Parteipolitik ertragen; solche Gemüthsbewegungen und Kämpfe, bei denen der Rechtsboden der deutschen Verfassung funditus erschüttert wird, brauchen Sie öfter zu Ihrer — ob Gallenbewegung, ich weiß es nicht. Aber wir wünschen Ruhe und Frieden im Innern wie nach Außen und wünschen nicht, daß alle drei Jahre, sondern höchstens alle sieben Jahre die Frage, ob die deutsche Armee, das heißt das Deutsche Reich und die Verfassung, — denn ohne Armee sind beide, wie Herr Windthorst anerkennt, nicht denkbar —, fortbestehen sollen, und mit welchem Grade von Sicherheit, — wir wollen, daß diese Frage nur alle sieben Jahre erörtert wird. Wer konfliktslüsterner ist als wir, dem werden wir nicht zustimmen und werden ihn in seiner Kampfbegierde allein lassen und ihm sagen: wenn Sie Händel brauchen, so suchen Sie sich dieselben wo anders auf; bei uns sind sie nicht zu finden.

Ich weiß nicht, von welcher Seite — ich habe nur die Notiz gemacht, daß es gesagt wurde — ist man auch wieder zurückgekommen auf die han-

herrschen, das ist in Oesterreich selbst eine sehr zweifelhafte Frage. Aber von deutschem Lande war in dem Bündniß keineswegs die Rede.

Die Herren werden mir zugeben, daß ein siegreiches Frankreich, welches bei uns Hannover hergestellt haben würde, sich damit nicht begnügt haben würde, sondern es würde doch auch gedacht haben: selber essen macht fett, wie das Sprüchwort sagt; es würde für Frankreich direkt das Rheinufer genommen haben und so, wie wir damals die französischen Wünsche kannten, — sie sind ja aus den Benedettischen Verhandlungen bekannt —, so deckte sich das ungefähr mit dem Winkel, der vom rechten Moselufer und von dem linken Rheinufer eingeschlossen wird einschließlich Koblenz. Denn das war ja, was man uns als einen Preis im Frieden abforderte. Wenn das schon damals der Fall war, so ist es doch also wohl sicher, daß Napoleon in einem siegreichen Kriege, wenn er den Frieden diktiren sollte, das ganze linke Rheinufer genommen haben würde.

Wenn nun der Herr Abgeordnete Dr. Windthorst oder der Herr, der heute in diesem Sinn über diese Frage gesprochen hat, mir nicht nachweisen kann, daß in dem preußisch-italienischen Bündniß eine ähnliche Klausel oder unabweisliche Bedingung zum Nachtheil Deutschlands gesteckt hat, dann wird er mir zugeben müssen, daß sein Vergleich nicht zutrifft, und daß die entrüstete und schmerzliche Bewegung, die sich bei ihm in Erinnerung an die Vergangenheit gestern erkennbar machte, ihn veranlaßt hat, die Sache in einem unrichtigen Lichte zu sehen und darzustellen.

Meine Herren, ich weiß nicht, ob die weitere Diskussion mir noch heute zu weiteren Aeußerungen Veranlassung geben wird. Ich will es einstweilen abwarten. (Bravo! rechts.)

Nach längeren Ausführungen des Abgeordneten Dr. Windthorst nahm der Reichskanzler Fürst Bismarck nochmals das Wort. Die Rede desselben lautete:

Der Herr Abgeordnete hat die Hoffnung ausgesprochen, daß Gesetz und Recht von den Regierungen vollständig beachtet werden würden. Ich kann ihm darüber nochmals die bündigste Zusicherung geben: wir werden uns innerhalb unserer verfassungsmäßigen Berechtigung bewegen; wir haben dabei aber die Hoffnung, daß auch die Majorität des Reichstages dasselbe thun werde.

In seiner Zusammenstellung derjenigen Bestimmungen, die die Verfassung über die Armee hat, hat der Herr Vorredner vorher vergessen, einen ganz wesentlichen Satz vorzutragen: das ist das vierte Alinea des Verfassungsartikels 62, der da lautet:

der Fahne auf 3 Jahre, und Artikel 63 enthält das Moderamen, daß der Kaiser den Präsenzstand bestimmt. Das liegt so einfach und klar wie möglich. Es ist alterirt, so lange das Septennatsgesetz gelten wird, bis 1888. Es wird den verbündeten Regierungen und Sr. Majestät dem Kaiser nicht einfallen, vorher unter Ignorirung der Grenze, die durch das Septennatsgesetz gezogen ist, die aber schwindet, wenn das Septennatsgesetz abgelaufen ist, etwa den gesetzlichen Präsenzstand überschreiten zu wollen. Es ist ja möglich, daß —, namentlich wenn die Auflösung eintritt — ein Zeitraum verläuft, in dem wir den Reichstag nicht gegenwärtig haben; es ist auch möglich, daß wir dauernd vom Reichstage die Mittel nicht erhalten können, die zum Schutz unserer Grenzen vorsichtshalber uns nothwendig scheinen. Dann, glaube ich, wird dem Kaiser und König von Preußen immer noch die Möglichkeit offen stehen, sich vertrauensvoll an seinen Preußischen Landtag zu wenden und zu sehen, ob er von dem die Mittel zum Schutze des gemeinsamen Vaterlandes nicht erlangen kann (Bravo! rechts, Bewegung); ich bin überzeugt: dort werden wir nicht so lange zu bitten und zu unterhandeln brauchen.

Der Herr Abgeordnete hat in dürren Worten angedeutet, daß die Regierung, wenn sie die 3 Jahre ablehne, doch noch Hintergedanken haben müsse, die sie nicht ausspricht. Diese Beschuldigung gebe ich vollständig zurück: wenn Sie die 7 Jahre ablehnen, so müssen Sie durchaus Hintergedanken haben; Sie können ebenso gut annehmen, Sie rücken jede Konfliktsmöglichkeit wieder etwas weiter hinaus. Wenn ich Ihre Hintergedanken ebenso erläutern soll, wie der Herr Vorredner unsere angeblichen Hintergedanken erläutert hat, so bezeichne ich sie als eine Intention, die von der Verfassung gezogenen Grenzen zwischen der parlamentarischen und der Regierungsgewalt verrücken zu wollen, verschieben zu wollen in dem Urtheil und in der Auffassung der öffentlichen Meinung des Reichs und in der Praxis. Und darauf, wiederhole ich, werden wir uns nicht einlassen. Die Machtvertheilung so, wie sie durch die Verfassung gegeben ist, werden wir festhalten, die werden wir gewissenhaft beobachten; aber ich fürchte, daß Sie nicht, wie ich vorgestern sagte, zu den saturirten Mächten Ihrerseits gehörten. Sie wollen erobern, wir wollen behalten den Besitzstand; Sie wollen neue Kompromisse, wir wollen an den alten Traditionen festhalten; wir scheuen die Krisen, ihre häufigen Wiederholungen und die Möglichkeit der Konflikte, Sie gehen diesen bereitwillig und frohen Muthes entgegen. Sie verhalten sich einigermaßen zu uns wie die Franzosen gegen Deutschland; wir sind die Konservativen, Friedliebenden, und Sie sind die, die erobern wollen, die uns das uns verfassungsmäßig gebührende Elsaß wieder abnehmen wollen (Oh, ho! links und im Centrum).

Der Herr Vorredner hat sich in Bezug auf die hannoversche Frage auf

um alte Empfindungen nicht wieder aufzuwärmen, bisher unterlassen habe, meinerseits, wenn der Kaiser es genehmigt, der Oeffentlichkeit übergeben; dann werden Sie sehen, was Onno Klopps Dokumente dagegen werth sind. (Heiterkeit rechts.)

Der Herr Vorredner hat damit begonnen, daß er meine Data wegen der Sparkassen theils angezweifelt hat, theils sie in Widerspruch zu bringen gesucht hat mit den finanziellen und wirthschaftlichen Beschwerden über die im preußischen Landtag so häufig und auch von meiner Seite geklagt wird. Ja, meine Herren, diese Sparkasseneinlagen sind ja, wie ich schon vorgestern bemerkt habe, kein Beweis dafür, daß die ganze Nation reich ist; aber daß derjenige Theil der Nation, der in die Sparkassen einzulegen pflegt, in seiner Wohlhabenheit gestiegen ist und in den letzten acht Jahren in erheblichem Fortschritte (Widerspruch links; Zustimmung rechts) — sehr erheblich, das beweisen sie ganz unzweifelhaft meiner Ueberzeugung nach. Wir haben ja Arm und Reich bei uns. Arm ist bei uns in Preußen vor allen Dingen der Fiskus; die Hauptsteuerobjekte sind dem Reich übergeben worden, und in Benutzung derselben steht uns eine Obstruktionspolitik gegenüber, die wir bisher nicht haben überwinden können. Daß die landwirthschaftlichen Interessen, also die Interessen der großen Mehrheit — von $^3/_5$ bis $^2/_3$ der Bevölkerung — nicht in einem blühenden Zustand sind, das werden Sie aus meiner Statistik ersehen. Wenn ich die Durchschnittsziffer der Spareinlagen ziehe — ich habe hier die Einlagen nach den verschiedenen Provinzen geschieden —, so werden Sie finden, daß am tiefsten unter dem mittleren Durchschnitt die rein ackerbautreibenden Provinzen stehen und am höchsten die industrie- und handeltreibenden Provinzen.

Es kommt auf die Gesammtheit im Durchschnitt auf jeden Kopf — auch das Kind in der Wiege — 80 Mark Sparkasseneinlage in der ganzen preußischen Monarchie. Ich werde Ihnen nun diejenigen Angaben machen, die erheblich darunter sind. Da ist erstlich einmal Ostpreußen mit 15 Mark im Durchschnitt; Westpreußen mit 22 Mark; Brandenburg mit 54 Mark erreicht den Durchschnitt der Gesammtheit auch nicht; Posen zählt 15 Mark gleich Ostpreußen, als eine industriearme und wenig Handelsverkehr habende Provinz; Schlesien 44 Mark; dann kommen Sachsen mit 104 Mark, Schleswig-Holstein mit 241 Mark, weil es Handel, Seefahrt, also Wohlhabenheit hat. Ich gebe zu, Schleswig-Holstein ist ebensowohl eine Ackerbauprovinz; aber gerade der Großgrundbesitz, der gewöhnlich die Scheibe bildet, nach der geschossen wird, der ist in Schleswig-Holstein doch so gering vertreten, wie kaum in den anderen Provinzen. — der Besitz ist vorwiegend

Aber vor allen Dingen geht daraus hervor, daß die arbeitende Klasse, von der, wie ich mich erkundigt habe, die Haupteinlagen im Ganzen herrühren, sich seit der Einführung der Schutzzölle, seit 1879, in einer ununterbrochen fortschreitenden Sparkassenwohlhabenheit befindet. Ich kann in die Häuser nicht hineinsehen; aber ich kann mir nicht denken, daß die Arbeiter irgend etwas Unentbehrliches entbehrt haben werden, um diese Gelder in die Sparkassen zu tragen. Ich berufe mich da auf das, was aus den amtlichen Listen ersichtlich ist.

Der Herr Vorredner hat ferner jeden Zusammenhang von Reichstagsmitgliedern mit den Zeitungen, die ich zitirt habe, ganz bestimmt zurückgewiesen. Er hat damit vielleicht einzelne hervorragende Persönlichkeiten im Auge gehabt, also z. B. seinen ihm nächststehenden Geschäftsfreund, den Abgeordneten Richter. Der hat ja wohl gewiß keine Beziehungen zur öffentlichen Presse, obwohl ich nicht weiß, ob er nicht im Kalender als dieser Richtung der Thätigkeit angehörig angegeben ist. Er hat damit jedenfalls zugegeben, daß das, was die „Germania" schreibt, ohne jedes Fundament irgend einer höher stehenden Autorität ist, daß das nur die bedauerliche Tagesleistung der Redaktion ist, daß sie also gar keinen Kredit dafür hat, daß nicht eine auch nur so weit in der Politik eingeweihte Autorität hinter ihr besteht, als es ein Abgeordneter sein muß. Ich weiß nicht, ob es der „Germania" ganz lieb sein wird, daß sie ganz auf eigenen Füßen steht und vom Abgeordneten Windthorst zurückgewiesen wird in ihr Nichts durchbohrendes Gefühl. (Heiterkeit.)

Der Herr Abgeordnete hat außerdem gesagt, daß es mit mir ganz anders sei: ich stände — ich weiß nicht, mit wie vielen Zeitungen in einer solchen Verbindung, daß ich nicht nur schreiben lasse, sondern selbst darin schreibe; er hat meinen Styl darin wiedererkannt. Es ist mir sehr schmeichelhaft, wenn man das findet. Die Zeitungen schreiben einen sehr viel besseren Styl, als ich. Soviel ich mir auch Mühe gebe, so kann ich den Schwung der Phrase, die überhaupt nicht meine Force ist, nicht herausbringen, wie ich sie so oft in diesen Zeitungen mit Vergnügen lese. Es wäre mir also schmeichelhaft, wenn man mich darin erkannte. Er irrt sich aber, wenn er glaubt, ich hätte die Zeit dazu.

Bedenken Sie da, meine Herren, welche Geschäftslast auf mir ruht, und für einen ganz gewissenlosen Arbeiter im Dienst werden mich selbst meine Gegner nicht halten. Die Gegner dagegen haben ja gar nichts auf der Welt zu thun, als mir das Leben sauer zu machen in der Presse oder hier im

den Reichstag enthält (Große Heiterkeit) oder gegen sonst Jemand. Diejenigen Artikel, die dergleichen enthalten sollten, haben sich sicherlich meiner Zensur entzogen; das bitte ich ein für allemal anzunehmen. Aber ich kann doch unmöglich für jeden Inhalt irgend einer Redaktion verantwortlich sein. Es passirt mir, wie ich schon früher gesagt habe, vielleicht nur in vierzehn Tagen einmal, daß ich ein derartiges Erleichterungsbedürfniß habe, was ich nicht zurückdrängen könnte.

Der Herr Abgeordnete hat zu verstehen gegeben, er wüßte nicht recht, was in dem österreichischen Bündnißvertrage stehe, und was überhaupt noch darin stehen könnte. Ja, da möchte ich ihn nur bitten, sich mit dem alten Goethe'schen Spruche zu beruhigen: „Allwissend bin ich nicht, doch ist mir viel bewußt." Ihm ist sehr viel bewußt, aber es muß auch Einiges geben, was er nicht weiß. (Heiterkeit.)

Der Herr Abgeordnete hat ferner — er schien es als eine sehr schwere Anklage zu accentuiren, was ich als eine solche gar nicht acceptiren kann, — er hat gemeint: wir, die verbündeten Regierungen wären der Ansicht, daß mit einem so komponirten Reichstage es nicht ginge. Das ist allerdings unsere Meinung; das ist aber kein Lossagen von der Verfassung. Wir bleiben auf dem Boden der Verfassung, wenn wir durch eine Auflösung zu einem anderen Beschlusse zu gelangen suchen, und wenn wir inzwischen nach Material suchen, um die Wähler zu überzeugen, daß gerade unsere Ansicht die richtige ist. Das ist außerordentlich schwierig, da nicht viele Leute mehrere Zeitungen lesen, sondern nur eine. Aber so schwierig es auch sein mag, müde werden wir darin nicht werden, und zuletzt wird es uns doch gelingen; Recht muß doch Recht, und Wahrheit muß doch schließlich wahr bleiben, und darauf verlassen wir uns. (Bravo! rechts.) Und wir werden auch schließlich die Wähler überzeugen, wo wahrer Patriotismus und wo die Sorge für die Sicherheit, für das Gedeihen des Deutschen Reiches und seine Einigkeit zu suchen ist. Ich bezweifele das gar nicht.

Der Herr Vorredner hat ferner wieder den Accent darauf gelegt, daß zwischen drei und sieben Jahren prinzipiell doch eigentlich gar kein Unterschied wäre. Nun, prinzipiell ist der Unterschied allerdings nicht so groß als materiell. 4 Jahre gewonnene Ruhe und Frieden ist doch immer ein ganz erheblicher Gewinn. Hauptsächlich aber wollen wir die Tradition des Kompromisses unsererseits nicht kränken und schädigen, weil es in der That die einzige Möglichkeit ist, in konstitutionellen Verfassungen dauernd im Frieden zu leben. Es giebt keine Verfassung, — und wenn die geschicktesten Leute sie redigirt hätten, und je geschickter, desto seltener giebt es deren vielleicht, außer der englischen, die gar nicht geschrieben ist; — sonst giebt es keine

nur von dem Kompromiß lossagen und sagen: Nicht sieben Jahre, alle drei Jahre sollen wir das. Wenn Sie drei Jahre haben, werden Sie sagen: Alle zwei Jahre, warum nicht alle ein Jahr — und wir werden die Unruhe darüber dann gar nicht los. Es giebt ja Herren, die so konfliktslüstern sind, daß sie in jedem Jahre das Sicherheitsventil unserer verfassungsmäßigen Zustände auf die Probe des Springens stellen wollen, und die Probe des Springens nenne ich die Abschaffung der Armee.

Nun, meine Herren, es giebt außerdem noch einen für mich ganz persönlichen Grund, weshalb ich für die sieben Jahre bin. Ich hoffe, in drei Jahren noch zu leben, in sieben Jahren aber nicht mehr; da hoffe ich, all' dieses Elendes überhoben zu sein, und ich hoffe, daß der Abgeordnete Windthorst — ich wünsche ihm, daß er noch zehn Jahre lebt; aber er ist doch in denselben Jahren wie ich, und wenn wir Beide weg sind, werden Sie sich vielleicht besser vertragen. (Bewegung.)

Nachdem hierauf noch die Abgeordneten von Karborff und Dr. Bamberger gesprochen, wurde die Diskussion geschlossen und die Abstimmung auf Freitag, den 14. Januar 1887 vertagt.

In der 21. Sitzung des Deutschen Reichstages, am Freitag, den 14. Januar 1887, die vor überfüllten Tribünen, wie die vorhergehenden Sitzungen, abgehalten wurde, zog der Abgeordnete Frhr. Schenk von Stauffenberg seinen Prinzipalantrag zu §. 1 der Regierungsvorlage zurück, so daß nunmehr der zweite (Eventual=) Antrag des genannten Abgeordneten (die volle Präsenzstärke der Regierungsvorlage, jedoch nur auf drei Jahre) — nachdem der Antrag Ballestrem (besondere Fassung des §. 1) gegen die Stimmen des Centrums und der Polen abgelehnt worden war — zur Abstimmung gelangte. Die Abgeordneten Langwerth von Simmern und Singer (Sozialdemokrat) gaben die Erklärung ab, daß sie und ihre politischen Freunde sich zunächst der Abstimmung enthalten, in dritter Lesung aber gegen die Vorlage stimmen würden. Der Antrag Stauffenberg wurde in namentlicher Abstimmung mit 186 gegen 154 Stimmen angenommen. Desgleichen in der Gesammtabstimmung der durch den Antrag

Burbaum. Cegielski. Dr. v. Chelmicki. v. Chlapowski. Frhr. v. Dalwigk-Lichtenfels. v. b. Decken. Dieden. Dr. Diendorfer. Graf v. Droste zu Vischering. Eysoldt. Fährmann. Dr. v. Forcenbeck. Frhr. v. und zu Franckenstein. Dr. Franz. Fritzen. Frhr. v. Gagern. Graf v. Galen. Geiger. Gielen. Frhr. v. Gise. Gleißner. Dejanicz v. Gliszcynski. Edler v. Graeve. Graf. v. Grand-Ry. Frhr. v. Gravenreuth. Dr. Greve. Grohé. Dr. Frhr. v. Gruben. Haanen. Haberland. Dr. Hänel. Haerle. Halben. Halberstadt. Hamspohn. Haus. Dr. Frhr. v. Heereman. Graf Henckel v. Donnersmarck. Hermes. Herrmann. Dr. Frhr. v. Hertling. Hesse. Hinze. Hitze. Graf v. u. zu Hoensbroech. Hoffmann. Graf v. Hompesch. Horn. Dr. Horwitz. Huchting. Frhr. v. Huene. Dr. v. Jazdzewski. v. Kallstein-Klonowken. v. Kalkstein-Pluskowens. v. Kehler. Frhr. v. Ketteler. Kloß. Kochann. Körner. Kröber. Graf v. Kwilecki. Frhr. v. Landsberg-Steinfurt. Lang (Kelheim). Dr. Langerhans. Lehner. Lender. Lenzmann. Lerche. Letocha. Dr. Lieber. Dr. Lingens. Lipke. Lorenzen. Lucius. Lüders. Maager. Magdzinski. Marbe. Mayer (Württemberg). Maibauer. Menken. Dr. Meyer (Halle). Dr. Möller. Dr. Mosler. Dr. Moufang. Müller (Pleß). Münch. Munckel. Erbgraf zu Neipperg. Frhr. v. Olbershausen. Baron Götz v. Olenhusen. Panse. Dr. Papellier. Parisius. Payer. Dr. Perger. Pezold. Pfafferott. Pflüger. Dr. Porsch. Graf v. Praschma. Graf v. Preysing (Landshut). Graf v. Preysing (Straubing). Propping. Racke. Dr. Reichensperger. Reichert. Reinbl. Richter. Rickert. Rintelen. Dr. Röckerath. Rohland. Roß. Dr. Rudolphi. v. Schalscha. Schelbert. Frhr. v. Schele. Schenck. Schlüter. Schmidt. Schmieder. Dr. Schneider. Graf v. Schönborn-Wiesentheid. Schott. Schrader. v. Sczanieczki. Senestrey. Dr. Siemens. Graf Skorzewski. Spahn. Dr. Frhr. Schenk v. Stauffenberg. Stiller. Stötzel. Graf v. Strachwitz. v. Strombeck. Struve. Thomsen. Timmermann. Traeger. Trimborn. Uhl. Dr. Virchow. Wagner. Graf v. Waldburg-Zeil. Frhr. v. Wangenheim (Eldenburg). Frhr. v. Wangenheim (Hannover). Frhr. v. Wendt. Wilbrandt. Wildegger. v. Winckelmann. Dr. Windthorst. Witt. Dr. Witte. Witzlsperger. v. Wolszlegier.

Mit Nein stimmten: Ackermann. Dr. Abae. Antoine. Dr. Arnsperger. Graf v. Behr-Behrenhoff. v. Benda. Bergmann. v. Bernuth. Bock (Minden). Dr. Frhr. v. Bodenhausen. Dr. Böttcher. Bormann. v. Brand. Brünings. Buderus. Dr. Bürklin. Dr. Buhl. v. Busse. v. Carlowitz. Prinz v. Carolath. v. Christen. v. Colmar. Cornelsen. Dr. v. Cuny. Dr. Delbrück. Dietz v. Bayer. Dieße (Barby). Diffiné. Graf v. Dönhoff-Friedrichstein. Graf zu Dohna-Finckenstein. Feustel. v. Fischer. v. Flügge. Francke. Dr. v. Frege. v. Funcke. Gamp. Gebhard. Gehlert. v. Gehren. v. Gerlach. Frhr. v. Göler. v. Goldfus. Gottburgsen. Dr. v. Grävenitz. v. Gramatzki. Dr. Groß. Günther. Baron v. Gustedt-Lablacken. Dr. Haarmann. Graf v. Hacke. Hahn. Dr. Hammacher. Frhr. v. Hammerstein. Dr. Prinz Handjery. Dr. Hartmann. Hartwig. Hasselbach. Fürst v. Hatzfeldt-Trachenberg.

Hauptmann v. Hellborff. Hellwig. Dr. v. Heydebrand und der Laſa. Hobrecht. Erbprinz zu Hohenlohe. Graf v. Holſtein. Holtzmann. Frhr. v. Hornſtein. v. Hülſt. Kalle. v. Kardorff. v. Keſſel. v. Kleiſt= Retzow. Graf v. Kleiſt=Schmenzin. Klemm. Klumpp. v. Köller. Krämer. Krafft. Dr. Kropatſcheck. Krug v. Nidda. Dr. Kruſe. Dr. v. Kulmiz. Leemann. Leuſchner. Lohren. Dr. Lotz. v. Lüderitz. Frhr. v. Maltzahn=Gültz. Frhr. v. Manteuffel. Dr. Marquardſen. v. Maſſow. Maubach. Meier (Bremen). Menzer. Merbach. Dr. Meyer (Jena). Frhr. v. Mirbach. Dr. Graf v. Moltke. Müller (Marienwerder). Dr. Müller (Sangerhauſen). Frhr. v. Neurath. Nobbe. Noppel. Oechelhäuſer. v. Oertzen. Dr. Oetker. v. d. Oſten. Frhr. v. Ow. Penzig. Pfähler. v. Puttkamer=Plauth. Herzog v. Ratibor. Reich. v. Reinbaben. Graf v. Rittberg. Dr. Roemer. Graf v. Saldern=Ahlimb=Ringenwalde. v. Saldern=Plattenburg. Sander. Saro. Dr. Sattler. Dr. Scheffer. v. Schlieckmann. Graf v. Schlieffen. v. Schöning. Dr. Schreiner. Scipio. Sedlmayr. Seyfarth. Prinz zu Solms=Braunfels. Staelin. Staudy. Stöcker (Rothenburg). Stöcker (Siegen). Graf zu Stolberg=Wernigerode. Struckmann. Frhr. v. Tettau. Dr. Trönblin. Uhden. Ulrich. Frhr. v. Ungern=Sternberg. Frhr. v. Unruhe=Bomſt. Veiel. v. Waldow= Reitzenſtein. v. Wedell=Malchow. v. Wedell=Piesdorf. Wichmann. Frhr. v. Wöllwarth. Woermann. v. Wrisberg. v. Wurmb. Ziegler. Baron Zorn v. Bulach.

Der Abſtimmung enthielten ſich: Blos. Bock (Gotha). Frhr. v. Dietrich. v. Eſtorff. Geiſer. Geyer. Goldenberg. Grad. Grillen= berger. Guerber. Harm. Haſenclever. Heine. Johannſen. Kayſer. Kräcker. Lang (Schlettſtadt). Frhr. Langwerth v. Simmern. Lieb= knecht. Meiſter. Mühleiſen. Pfannkuch. Rödiger. Sabor. Schumacher. Dr. Simonis. Singer. Stolle. v. Wendel. Wiemer. Winterer.

Nach dieſer Abſtimmung ſollte §. 1 folgende Form erhalten: In Ausführung der Artikel 57, 59 und 60 der Reichsverfaſſung wird die Friedenspräſenzſtärke des Heeres an Mannſchaften für die Zeit vom 1. April 1887 bis zum 31. März 1890 bis auf 468409 Mann feſtgeſtellt. Die Einjährig=Freiwilligen kommen auf die Friedenspräſenz= ſtärke nicht in Anrechnung.

Unmittelbar nachdem der Präſident das Reſultat der Abſtimmung über den §. 1 verkündigt hatte, erhob ſich

Reichskanzler Fürſt von Bismarck: Ich habe dem Reichstage eine Allerhöchſte Botſchaft mitzutheilen (die im Hauſe Anweſenden er= heben ſich von ihren Plätzen); dieſelbe lautet:

„Wir Wilhelm, von Gottes Gnaden deutſcher Kaiſer und König von Preußen, verordnen auf Grund des §. 24 der Reichsverfaſſung, nach erfolgter Zuſtimmung des Bundesraths, im Namen des Reichs, was folgt: Der Reichstag wird hiermit aufgelöſt.

Urkundlich unter Unserer Höchsteigenhändigen Unterschrift und beigedrucktem Kaiserlichen Insiegel.

Gegeben Berlin, den 14. Januar 1887."

Im Namen der verbündeten Regierungen erkläre ich die Sitzungen des Reichstages für geschlossen.

Der Präsident v. Wedell=Piesdorf brachte hierauf ein dreifaches Hoch auf Se. Majestät den Kaiser aus, in welches das Haus begeistert einstimmte. Die Sozialdemokraten hatten sich unmittelbar nach Verlesung der Auflösungsordre, welche sie mit einem lebhaften Bravo begleiteten, aus dem Sitzungssaale entfernt.

―――――

Die Neuwahlen sind auf den 21. Februar 1887 ausgeschrieben worden!

Möge jeder Wähler an diesem Tage seine Schuldigkeit thun und nach seiner Kraft dafür Sorge tragen, daß eine andere Richtung als die der bisherigen Majorität in dem neuen Reichstage zur Herrschaft gelangt, weil bezüglich der Majorität des aufgelösten Reichstages das Dichterwort volle Geltung hatte:

> Der Staat muß untergehn früh oder spät,
> Wo Mehrheit siegt und Unverstand entscheidet.